26917 mD

Kla-Bäc

Karl Heinz Eilhardt

Heimische Orchideen

In der Natur und im Garten

Naturbuch Verlag

Der Autor:

Karl Heinz Eilhardt, Jahrgang 1923, beschäftigt sich seit über 20 Jahren mit heimischen Orchideen, Beiträge in der Fachzeitschrift »Die Orchidee«, Vorträge zum Thema, u.a. auf der Orchideentagung, Wuppertal.

Umschlagfotos: Das große Foto auf der Vorderseite zeigt *Orchis mascula,* das kleine *Cypripedium calceolus;* auf der Umschlagrückseite sind *Orchis morio* (mit gestrecktem Blütenstand – in unseren Breiten eine seltene Abart) und *Orchis ustulata* abgebildet.

Foto auf Seite 2: *Orchis morio*

Fotos auf Seite 5/6: *Cypripedium calceolus, Dactylorhiza purpurella, Epipactis palustris, Orchis palustris*

Die Deutsche Bibliothek – CIP-Einheitsaufnahme

Eilhardt, Karl Heinz:
Heimische Orchideen in der Natur und im Garten / Karl Heinz Eilhardt. – Augsburg : Naturbuch-Verl., 1992
   ISBN 3-89440-027-7

Naturbuch Verlag
© 1992 Weltbild Verlag GmbH, Augsburg
Alle Rechte vorbehalten
Umschlaggestaltung: Peter Engel, Grünwald
Umschlagfotos: Guido Braem
Zeichnungen: Manuela Hutschenreiter
Satz: 10/12 p. Melior von Cicero Lasersatz, Augsburg
Gesamtherstellung: Appl, Wemding
Printed in Germany
ISBN 3-89440-027-7

Inhalt

Vorwort

Wohl dem, der ein Fleckchen Erde sein nennt, das er mit schönen oder seltenen Blumen, mit blühenden Sträuchern und Bäumen schmücken und an dem er sich erfreuen kann. Wohl dem, der sich seine Natürlichkeit bewahrt hat, im Trubel unserer Zeit; der es zudem versteht, sich mit Muße schönen Dingen zuzuwenden, die bei aller Exklusivität nicht exklusiv, sondern natürlich sind, wie z. B. unsere heimischen Orchideen. Diese Pflanzen zeigen uns zumeist keine großen, auffälligen Blüten, aber wer sie einmal durch ein Vergrößerungsglas betrachtet, dürfte von ihnen fasziniert sein. So manch einer wird dann den Wunsch haben, diese wohlgelungenen »Kinder der Flora« in seinem Garten zu pflegen. Wo man sie erwerben kann, was dabei beachtet werden muß und was zu bewerkstelligen ist, dazu möchte dieses Buch Hilfestellung leisten.

Die Beschäftigung mit unseren heimischen Orchideen ist nicht nur eine ästhetische und gärtnerische Liebhaberei, sondern sie macht uns auch aufgeschlossen gegenüber der Natur: Wir lernen durch die Ansprüche, die die Pflanzen an ihre Umwelt stellen, ihre Belastbarkeit und vor allem die Schutzbedürftigkeit unserer heimischen Flora kennen. Als jüngste Pflanzenfamilie haben die heimischen Orchideen noch keine besonders widerstandsfähigen Mutationen (Veränderungen im Erbgefüge eines Lebewesens) ausbilden können. Sie sind dem Selektionsdruck relativ ungeschützt ausgesetzt. Dies könnte einer der Gründe dafür sein, daß die Populationen an den Orchideenstandorten ständig zurückgehen. Man könnte fast meinen, die Natur wolle den Menschen Blumen anbieten, die nicht nur schön anzusehen, sondern auch auf unsere Mithilfe angewiesen sind. Insbesondere die terrestrischen Orchideen wachsen bevorzugt auf solchen Flächen, die zunächst von Menschen genutzt, dann aber wieder vernachlässigt wurden – sie sind also Kulturfolger. Gerade das macht sie zu geeigneten Gartenpflanzen – vorausgesetzt natürlich, man widmet ihnen die entsprechende Aufmerksamkeit und erfüllt ihre besonderen Ansprüche an Boden, Feuchtigkeit oder Lichtverhältnisse.

Die Orchideen haben sich in einer jahrtausendewährenden Evolution unterschiedlichen Standortgegebenheiten angepaßt. Diese dürfen deshalb bei der Gartenkultur nicht außer acht gelassen werden. Beobachtungen in der Natur sind aufgrund der Rückschlüsse, die sie erlauben, für eine erfolgreiche Kultur im Garten immer von erheblichem Nutzen. Die Schwierigkeit, entsprechende Bedingungen im Garten zu schaffen, bleibt natürlich auch dann noch bestehen und begrenzt unter dem Gesichtspunkt der Standortverhältnisse die Auswahl der Arten. Deshalb bieten die Orchideenzuchtbetriebe Arten an, die bei einer optimalen Kultur relativ gut im Garten gehalten werden können; ein Züchter geht sogar dazu über, solche Orchideen zu kreuzen, die keine Naturhybriden hervorbringen können, um klarzustellen, daß sie nicht der Natur entnommen sein können. Das schützt einerseits den natürlichen Orchideenbestand, schafft andrerseits aber vielleicht auch neue Probleme. Manche Botaniker fürchten, daß sich diese künstlich hybridisierten Spezies vital entwickeln, auch in der freien Natur heimisch werden und damit zu einer Florenverfälschung beitragen. Allerdings müßte sich erst einmal ein passender Bestäuber (Insekt) der Hybride annehmen. Daneben offerieren die Anzuchtbetriebe auch Arten, die im Labor aus Samen leicht heranzuziehen sind und im Kaltgewächshaus gehalten werden können, jedoch in unseren Breiten einen Winter mit Frost unter −2 °C im Garten nicht überstehen. Selbst bei Abdeckung mit frischem Fichtenreisig sollte das Thermometer bei diesen Spezies nicht unter −5 °C fallen.

Aus all den genannten Gründen basieren die Angaben in diesem Buch zum großen Teil auf jahrelangen Beobachtungen in der Natur und es ist kein Zufall, daß fast alle Aufnahmen auch dort entstanden. Alles begann damit, daß der Verfasser auf einer Wanderung während der Frühstücksrast eine kleine, aber faszinierende Blume entdeckte, sie wurde damals noch *Epipactis rubra* genannt.

Da es einigen Behörden hierzulande oft nicht einmal gelingt, in Naturschutzgebieten die Orchideenpopulationen zu stärken und zu vermehren, erlangt die Frage Berechtigung, ob es nicht sinnvoll wäre, lernfähige Liebhaber für diese Aufgabe zu gewinnen. Könnte eine einzige Orchidee, könnten die Orchideen im Garten nicht die Bereitschaft zur Mitarbeit in der Natur wecken? Schon 1967 wünschte sich W. Haber ein besseres Verständnis der Naturschützer gegenüber den Interessen der Orchideenfreunde: »Wer immer in ehrlicher Bemühung mit Lebewesen umgeht, seien es Orchideen, Vögel, Fische oder gar Mikroorganismen, der leistet dem Naturschutz einen Dienst.«

Damit die »Orchideengärtnerei« zum Teil eines solchen Naturschutzes werden kann und eine rechtliche Grundlage erhält, empfehle ich allen Orchideenliebhabern dringend, sich in einschlägigen Fachzeitschriften über Gartenbaubetriebe zu informieren, die eine Anzucht heimischer Orchideen aus Samen mit Genehmigung der Naturschutzbehörde vornehmen. Diese künstlich (gärtnerisch) gewonnenen bzw. vermehrten Pflanzen können mit einer zu erbittenden Bescheinigung (wichtig!) von den Orchideengärtnereien gesetzesgemäß bezogen werden. Ein Kauf aus anderen Ländern ist zur Zeit nur mit einer CITES-Bescheinigung (siehe S. 34 f.) möglich, die einigen Verwaltungsaufwand erfordert; ob nach dem Wegfall der Zollformalitäten 1992/93 die Einfuhr innerhalb der Europäischen Gemeinschaft weniger bürokratisch erfolgen kann, ist derzeit noch nicht vorauszusehen.

Möge dieses Büchlein dazu anregen, sich mit den heimischen Orchideen nicht nur im Garten intensiver zu befassen, sondern auch die wildlebenden Pflanzen zu schonen und für deren Erhaltung einzutreten. Vielleicht wird der Leser, wie der Autor vor Jahren, vom ‹Bazillus orchideeus› befallen und unsere »botanischen Kleinode« finden so neue und zusätzliche Unterstützung.

Die Orchideenpflanze

In fast allen Gärtnereiprospekten werden besonders schön blühende Pflanzen mit dem Etikett »orchideenartige Blüten« angepriesen. Diese Angabe ist eine verkaufsfördernde Täuschung, akzeptabel wäre allenfalls die Bezeichnung »mit orchideenähnlichen Blüten«. Deshalb soll klargestellt werden, wie das botanische System – die Taxonomie (nachfolgend die Linie der Orchideen) – aufgebaut ist und welche besonderen Merkmale eine Orchidee aufweist. Es gibt auch Pflanzen mit Blüten, die nur wenige Millimeter groß und/oder unauffällig sind und trotzdem zu der etwa 20 000 bis 30 000 Arten umfassenden Familie der Orchideen gehören.

Die Orchideen sind im botanischen System eingeordnet in der

Abteilung:	Samenpflanzen	*Spermatophyta*
Unterabteilung:	Bedecktsamige	*Angiospermae*
Klasse:	Einkeimblättrige	*Monocotyledoneae*
Ordnung:	Orchideenartige	*Orchidales*
Familie:	Orchideen	*Orchidaceae*

Innerhalb der Orchideenfamilie erfolgt eine weitere Gliederung; sie soll am Beispiel von *Orchis mascula* dargelegt werden:

Unterfamilie (Subfamilia):	*Orchidoideae*
Tribus:	*Orchideae*
Subtribus:	*Orchiniae*
Gattung (Genus):	*Orchis*
Sektion (Sectio):	–
Untersektion (Subsectio):	–
Serie (Seria):	–
Art/Spezies (Species):	*Orchis mascula*
Unterart (Subspecies):	*Orchis mascula* ssp. *mascula*

Die Grundlage des Systems geht auf Carl von Linné (1753) zurück. Festgelegt wurde in der Taxonomie/Nomenklatur die Priorität der Erstbeschreibung und -benennung nach bestimmten Vorgaben[1] und so ergab sich, daß der von Theophrastus von Lesbos (etwa 372 bis 289 v.Chr.) benutzte Name *Orchis* (vermutlich für *Orchis morio*) von Linné als Familiennamen verwendet wurde.

---

[1] Die Pflanze ist in den Merkmalen so präzise zu beschreiben, daß sie mit keiner anderen verwechselt werden kann.

Die Bestimmungsmerkmale sind die oberirdischen Pflanzenteile (Blätter, Blüte, Bestäubungseinrichtungen, Fruchtknoten, Samen) und in unseren Breiten die speichernden, meist unterirdischen Pflanzenteile (Knollen; abgeflachte gespaltene Knollen; Rhizome).

Die oberirdischen Pflanzenteile

Bei den Orchideen zeigen vor allem die oberirdischen Teile die Zugehörigkeit zur Pflanzenfamilie.

Habitus und Blätter

Unsere heimischen Orchideen haben einen aufrechten Blütenstand (Infloreszenz). Je nach Art wird er in der Regel 5 cm bis 80 cm hoch, kann aber auch, bei entsprechender Witterung und an kargen bzw. günstigen Standorten, niedriger oder höher sein. Die Blüten sitzen zumeist in einer dichten bis lockeren Ähre am oberen Teil des Blütenschaftes. Unsere schönste Orchidee, der Frauenschuh (in der Regel ein- bis zweiblütig) und der Widerbart machen eine Ausnahme.

Das erste Blatt einer *Cypripedium calceolus* streckt sich dem Licht entgegen

Blattformen

 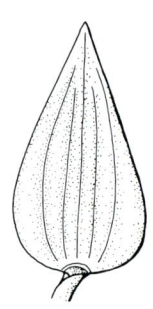 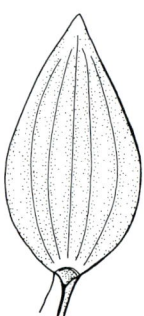

linealisch   lanzettlich   eiförmig

Blattanordnungen

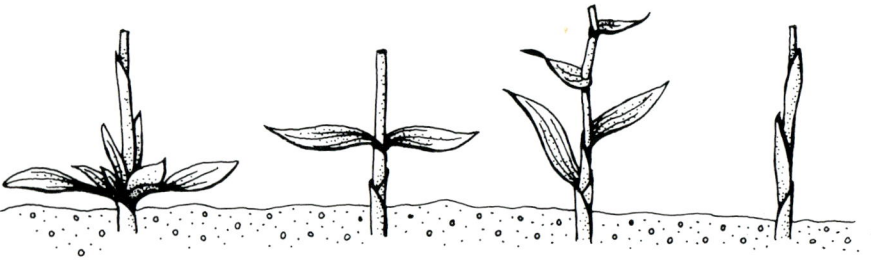

Rosette   gegen-ständige Blatt-stellung   zwei-zeilige Blatt-stellung   schuppen-förmige Blätter

Aus einem Tütenhüllblatt schiebt sich der Blütenstand von *Dactylorhiza majalis*

Nach der Keimung erscheint erst ein einzelnes Blatt (das Merkmal der Einkeimblättrigen), ehe ein weiteres – oftmals noch im selben Jahr – erscheint. Die Blattränder sind glatt und haben meist eine linealische, lanzettliche oder eiförmige Grundform bzw. eine von diesen Formen nur leicht abweichende Gestalt.

Auch die Blattanordnungen sind variabel. Während einige Arten Rosetten am Boden bilden, entwickeln andere gegenständige Blätter. Einige umschließen den Blütenschaft und entfalten sich übereinander, wobei die oberen Blätter zumeist kleiner werden. Aber auch stark reduzierte, schuppenförmige Blattfragmente, die nur schwach oder gar nicht gefärbt sind, kommen vor und weisen auf eine mehr oder weniger ausgeprägte Symbiose (Lebensgemeinschaft ungleicher Organismen) mit einem Pilzmyzel (Mykorrhiza) hin.

Die Blüte

Während der Triebentwicklung wird die Blüte von schützenden Tragblättern (Brakteen) umschlossen, die sich später, zum Entfalten der Orchideenblüte etwas lockern oder gar abspreizen. Der Blütenstiel ist sehr kurz und geht über in den Fruchtknoten (Ovarium), an dessen äußerem Ende sich die aus zwei Blütenblattkreisen (Perianth) bestehende Blüte öffnet. Den äußeren Kreis bilden drei Blütenblätter (Sepalen), den inneren Kreis deren zwei (Petalen). Das dritte Blütenblatt des inneren Kreises, die Lippe (Labellum), ist besonders geformt und oft mit einer Zeichnung versehen. Die Lippe, die in der Knospe innen liegt, wird durch eine Drehung des Blütenstiels oder des Fruchtknotens um 180° (Resupination) den bestäubenden Insekten als verlockender Landeplatz dargeboten. Bei einigen Arten unterbleibt diese Resupination aber auch.

Die Sepalen sind manchmal zurückgebogen *(Ophrys apifera),* sind abgespreizt oder bilden zusammen mit den beiden Petalen einen Helm *(Orchis militaris).* Bei wenigen Spezies wird außer den anderen Blütenblättern auch das Labellum nach vorn gestreckt *(Cephalanthera damasonium),* so daß eine kleine Kammer (Unterschlupf?) entsteht. Bei unserem Frauenschuh *(Cypripedium calceolus)* sind die unteren beiden Sepalen zusammengewachsen und bilden ein Blatt, oft mit zwei Blattspitzen.

Eine Besonderheit ist den Blüten der *Ophrys*-Arten eigen. Sie sehen nicht nur bestimmten Insekten ähnlich, sondern verströmen auch einen Duft, der den Sexuallockstoffen der weiblichen Insekten entspricht. Damit die männlichen Insekten die Blüten und nicht ihre Weibchen begatten, blühen die Orchideen 14 Tage früher auf, als sich die Weibchen zeigen. Die paarungsbereiten Männchen umschwirren die Blüten, landen schließlich und kopulieren, bis sie merken, daß sie auf eine Täuschung hereingefallen sind. Bei der Kopulation heften sich die Pollinarien auf ihren Kopf, mit denen sie nun zur nächsten Blüte fliegen, in der Erwartung, ein gattungsbereites Weibchen vorzufinden. Auch hier werden sie getäuscht, aber die Pollinien streifen an der Narbe (Stigma) Pollenkörner ab und befruchten die *Ophrys*-Blüte.

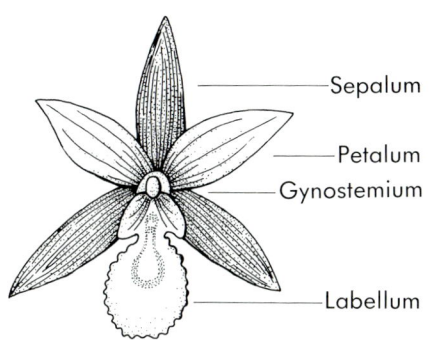

— Sepalum
— Petalum
— Gynostemium
— Labellum

Die Blüte von *Epipactis palustris* zeigt deutlich den Aufbau einer Orchideenblüte

Bestäubungseinrichtungen (Fortpflanzungsorgane)

Neben der Blüte läßt sich eine Orchidee auch an den Fortpflanzungsein-
richtungen erkennen. Die Pollen sind zu kleinen keulen- oder diskusförmi-
gen Päckchen (Pollinium) geformt und oft mit einem Stielchen (Stipes)
versehen. Die gesamte Pollenmasse ist mit Klebstoff durchtränkt, doch
besonders reichlich die Haftkörper (Viscidium) am Fuße des Stielchens, die
sich dem eindringenden Insekt anheften. Die Pollinarien (Gesamtheit des
männlichen Befruchtungskörpers) sind in dem Gynostemium (Säulchen)
eingebettet. Für die ständige Versorgung des Haftkörpers mit klebrigem Saft
sorgt ein sinnvolles ausgeklügeltes System. Beim Besuch der nächsten
Blüte werden an der klebrigen Narbe (Stigma) einige oder auch alle Pollen
angeheftet. Diese können sich nun zu Pollenschläuchen auswachsen und
die Befruchtung im unterständigen Fruchtknoten vornehmen.

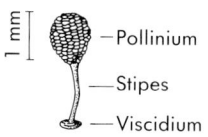

Pollinarium (zwei oder mehr =
Pollinarien) von *Ophrys apifera*

Der Fruchtknoten

War die Befruchtung erfolgreich, verändert sich der Fruchtknoten (Ovarium) zu einer mehr oder weniger länglichen Kapsel und schwillt an. Die
Samenanlage (Ovulum) im Inneren besteht aus drei, jeweils geteilten Leisten (Plazenten), an denen Tausende von Samen heranwachsen. Bei abge-
schlossener Reife öffnet sich die Kapsel nach etwa 7 bis 9 Wochen (je nach
Witterung) entlang der Längsrippen, die zwischen den Leisten liegen und
entläßt die ausgereiften Samen ins Freie.

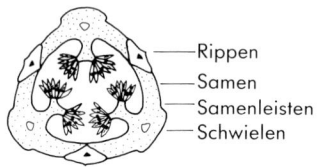

Querschnitt durch eine Fruchtkapsel
(*Ophrys apifera*) –
Lupenbetrachtung

Der Orchideensamen

Der Samen der Orchideen ist sehr klein und sehr leicht. Er besteht aus
einem eiförmigen bis kugeligen Embryo, der von einer ölhaltigen Schicht
(Carapace) eng umhüllt ist, kein beigegebenes Nährgewebe (Endosperm)
besitzt und in einer sackartigen, blasigen Samenschale (Testa) liegt. Diese
Testa hat eine derart dünne Wandung, daß sie in ihrer Form mittels läng-
lich-wabenähnlichen Schwielen gehalten wird. Die Öffnung des ‹Säck-
chens› ist besonders verstärkt.

Durch die blasige Testa und das geringe Gewicht, ist der Samen relativ
flugfähig. Allerdings muß er in eine mineralische Schicht gelangen, in der
Bakterien und mikroskopische Pilze (siehe Edaphon) die Samenschale und
später die Carapace abbauen, um sich nach einer »primären Quellung« zu
einem Protocorm (erste Entwicklungsstufe) ausbilden zu können, neben
dem – äußerlich verbunden, aber durch die Zellstruktur getrennt – ein
Blastotom (Keimkörper) auswächst[2]. Erst aus dem Blastosom schiebt sich
der erste Trieb empor, der das kleine Blättchen dem Licht entgegen streckt.

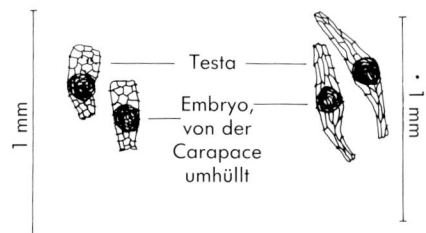

Samen von *Orchis militaris* (links)
und *Dactylorhiza maculata* (rechts)

---

[2] Es ist allerdings noch nicht endgültig geklärt, ob in der Natur (in vivo) alle
heimischen Orchideen ein Blastosom als Keimkörper ausbilden. Bei der asymbiotischen Aussaat kommt der Blattsproß direkt aus dem Protocorm.

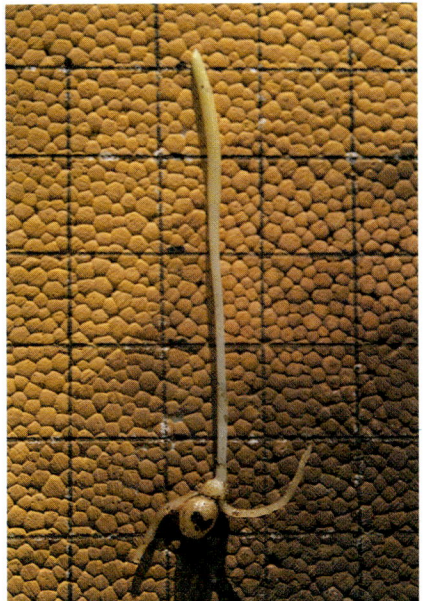

Eine Jungpflanze von *Orchis mascula* auf 1-cm-Rasterunterlage mit Protocorm und Blastosom

Diese Vorgänge in der Natur (in vivo) hat Möller erstmals beobachtet[3] und 1987 exakt beschrieben. Damit hat er bisher verbreitete Keimungstheorien widerlegt.

Der Zeitraum von der Samenreife bis zur blühfähigen Pflanze dauert in der Regel 3 bis 4 Jahre, nur bei *Cypripedium calceolus* und wahrscheinlich auch bei den saprophytischen[4] Orchideen können es 5 bis 7 Jahre werden. Frühere Beschreibungen längerer Entwicklungszeiten sind, zumindest für nichtsaprophytische Orchideen, nicht realistisch.

Die unterirdischen Pflanzenteile

Diese Bezeichnung ist nicht ganz richtig, denn die Speicherorgane einiger heimischen Orchideen überwintern in lockerem Nadelstreu, Moos oder dichtem (nicht in hohem) Gras. Die Analyse der winterüberdauernden Pflanzenteile und die des Blütenaufbaus und deren Zuordnung in der Taxonomie ist noch nicht abgeschlossen, d.h. es bestehen noch Unklarheiten. So gliedern manche Botaniker die heimischen Orchideen in 3 Subfamilien, andere unterteilen sie dagegen in 4 Subfamilien.

Die Speicherorgane und die winterüberdauernden Pflanzenteile sind zwar unterschiedlich, lassen sich aber gut folgenden Formen zuordnen:

— runde bis eiförmige unterirdische Knollen
— zwiebelförmige Pseudobulben bzw. Sproßknollen (zumeist oberirdisch)
— handförmige, abgeflachte gespaltene Knollen
— rübenförmige Knollen bzw. Rüben
— Rhizome (stationäre und solche, die unterirdische Ausläufer treiben)
— Ausläufer

Knollenformen

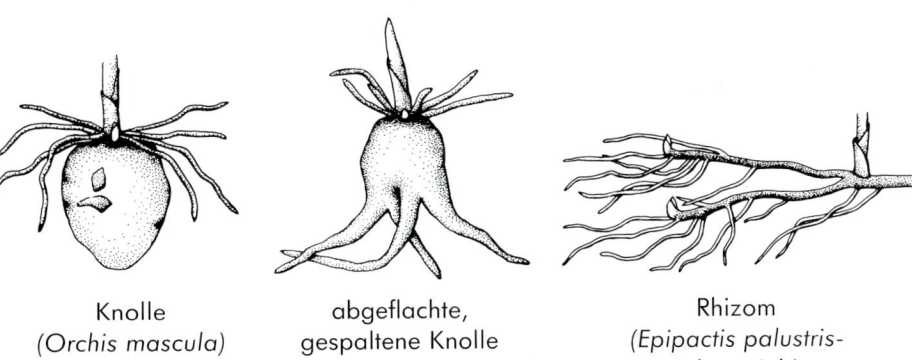

Knolle
(*Orchis mascula*)

abgeflachte,
gespaltene Knolle
(*Gymnadenia conopsea*)

Rhizom
(*Epipactis palustris*-
Jahrestrieb)

[3] Möller nennt das Blastosom Vorknolle
[4] Orchideen, die ihre Nährstoffe aus zerfallenen pflanzlichen oder tierischen Substanzen ziehen.

Orchideen mit runden bis eiförmigen Knollen

Diese heimischen Orchideen gehören alle zur Subfamilia (Unterfamilie) *Orchidoideae*, dem Tribus *Orchideae* und dem Subtribus *Orchidinae*.
Es sind die Genera (Gattungen):

– *Orchis*
– *Ophrys*
– *Anacamptis*
– *Himantoglossum*
– *Aceras*
– und *Traunsteinera* (kann nicht käuflich erworben werden)

Zu vermuten ist, daß diese Orchideen aus dem Mittelmeerraum zu uns einwanderten. Einige Arten dieser Unterfamilie beginnen schon im Spätsommer/Herbstanfang ihre Blätter herauszustrecken und bilden eine Rosette, so, wie sie das in den Ursprungsländern auch tun. Andere sind etwas vorsichtiger und zeigen nur eine mehrblättrige Tüte. Aber auch die restlichen Orchideen schieben ihren zusammengerollten Trieb bis dicht unter die Erdoberfläche. Wenn dann der Winter zu Ende geht, haben sie es eilig, ihre Blätter zu entfalten und bei günstigem Witterungsverlauf blüht *Orchis pallens* bereits Ende April – etwa zu der Zeit, in der die früheste der Rhizomorchideen, *Cypripedium calceolus*, gerade den Trieb aus der Erde schiebt.
Während sich die einen durch eine vermehrte Stärkeeinlagerung (für die Ruhezeit und den Austrieb) schon an unser Klima und unsere Jahreszeiten angepaßt haben, sind die »Nachzügler« wegen andersartiger Speicherstoffe gezwungen, winterüberdauernde Blätter auszutreiben. Diese Spezies lagern hochhygroskopisches Salep ein, das im heißen Sommer ihres Ursprungslandes dem trockenen Boden letzte Feuchtigkeitsreserven entzieht; so kön-

Winterüberdauernde Rosetten und Jungpflanzen von *Ophrys fuciflora*

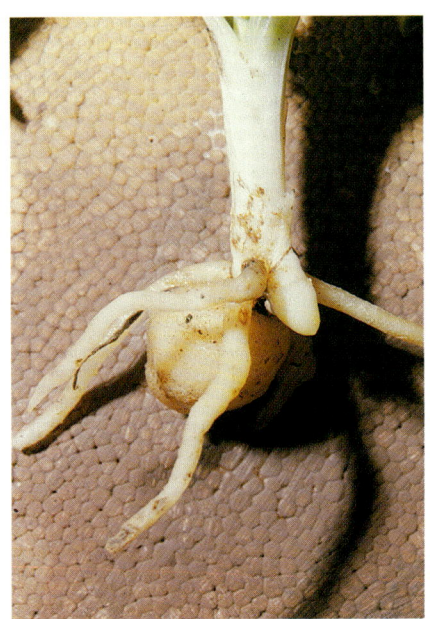

Aus dem Triebansatz wird der Innovationsproß (rechts) herausgeschoben

nen sie die sehr warme, trockene Jahreszeit überstehen. Das Wachsen auf mangan- und magnesiumreichen Standorten festigt hierzulande ihre Blattstrukturen; dadurch können die Arten mit winterüberdauernden Blättern den winterlichen Unbilden trotzen.

Außerdem läßt sich damit erklären, daß die Ansprüche der Orchideen in milderen Klimazonen weniger an Mangan und Magnesium und andere alkalisch wirkende Minerale im Boden gebunden sind, als in den Gegenden, wo es durch Stärkeeinlagerung möglich ist, die kalte Jahreszeit zu überstehen und im Frühjahr zum Austrieb fähig zu sein. Eine interessante Spezies ist *Orchis mascula*, die eine beachtliche Amplitude (Anpassungsweite) aufweist. Während sie im südlichen Deutschland auf basenreichen Böden im Herbst eine Tüte oder mehr herausschiebt, wartet sie im norddeutschen Raum auf normalen bis leicht sauren Böden mit dem Blätteraustrieb bis zum zeitigen Frühjahr. Vermutlich befindet sie sich mitten in einem evolutionären Anpassungsprozeß.

Die Kenntnis dieser Vorgänge ist sehr aufschlußreich, will man Arten mit winterüberdauernden Blättern im Garten kultivieren und wird deshalb hier erwähnt. Außer den beiden *Spiranthes*-Arten und *Goodyera repens* bringen nur Knollenorchideen winterüberdauernde Blätter hervor.

Die Wurzeln dieser Gattungen entsprießen unmittelbar über der Knolle und sind in der Regel etwa 1,5 bis 2,5 mm dick. Nach dem Vegetationsbeginn im Frühjahr schiebt sich ein etwas stärkerer, wurzelähnlicher Trieb bis in die arttypische oder witterungsbedingte Tiefe heraus und wächst dort binnen weniger Monate zur nächstjährigen Knolle heran. Dieser Trieb ist keine beliebige Wurzel, sondern bereits in der Genese der Knolle angelegt. Es sind sogar mehrere Triebpunkte vorhanden, von denen in der Regel nur einer ausgebildet wird. Wird dieser zerstört oder am Auswachsen gehindert, kommt der nächste Triebpunkt zum Einsatz. Ebenso können an förderlichen Standorten oder bei günstigen Witterungsbedingungen diese Reservepunkte aktiviert werden und zu einer vegetativen Vermehrung führen. Das gilt auch, wenn blühfähige Pflanzen durch unterschiedliche Einwirkungen am Blühen gehindert werden. Im Garten läßt sich diese natürliche Entwicklungsvitalität durch entsprechende Maßnahmen bzw. Substrate nutzen (siehe Kap. »Vermehrungsmöglichkeiten«).

Sproßknollen (Pseudobulben)

Pseudobulben sind oberirdisch verdickte Sprosse, die als Nährstoffspeicher dienen. Da sie bei drei heimischen Orchideenarten zwiebelförmig sind und in den Sproßachseln entstehen u. U. auch an einem Ausleger, ist es angebracht, von Sproßknollen zu sprechen. Sie lieben einen feuchten Untergrund mit einer schützenden Moos- bzw. Grasvegetation. Sie sind noch nicht rechtmäßig zu erwerben. Deshalb soll es bei dieser Erwähnung bleiben.

Handförmige, abgeflachte gespaltene Knollen

Die meisten Arten dieser Gattungen sind die anpassungsfähigsten Orchideen. Sie kommen zum Teil in Feuchtgebieten, auf Waldlichtungen und auch auf Halbtrockenrasen vor – deshalb sind sie besonders gut für die Kultur im Garten geeignet.

In ihrem sonstigen vegetativen Verhalten haben sie viel Gemeinsamkeiten mit den im Frühjahr austreibenden Orchideen mit eiförmigen Knollen; eine Gruppe hat sogar gleichartige Blüten und wurde nur auf Grund des unterirdischen Teiles zur eigenen Gattung erhoben.
Abgeflachte gespaltene Knollen kommen vor bei den Gattungen:

– *Dactylorhiza* (früher: *Orchis*)
– *Gymnadenia*
– *Platanthera*

Daneben weisen fünf weiteren Gattungen, die jedoch nicht käuflich erworben werden können, diesen Knollentyp auf.

Sie haben sich anscheinend den heimischen Klimabedingungen bereits angepaßt und vermehren sich – wahrscheinlich auch aus diesem Grund – auf geeigneten Standorten vegetativ (weiteres im Kap. »Vermehrungsmöglichkeiten«) besonders gut.

Rübenförmige Knollen bzw. Rüben

Rübenförmige Knollen treten zumeist als Entwicklungsstufe oder auf ungünstigen Standorten der abgeflachten gespaltenen Knollen auf. Vor allem die *Platanthera*-Arten neigen dazu, die rübenförmige Knollenform relativ lange beizubehalten.

Spiranthes hat als einzige heimische Orchideengattung echte Rüben, denen Nährwurzeln völlig fehlen. Sie haben einen Zentralzylinder, Wurzelrinde und Wurzelhaut. Auch vegetativ haben sie einen abweichenden Wachstumsrhythmus, den Möller an einer *Spiranthes spiralis* untersucht und 1988 beschrieben hat. Den komplizierten Ablauf darzulegen, würde hier etwas zu weit führen; es sei nur erwähnt, daß in der Regel zwei junge Rüben ausgebildet werden, die zwar als Pflanze zusammen bleiben, sich aber auch lösen können, und dann kann aus jedem Teil eine lebensfähige *Spiranthes* entstehen.

Rhizomorchideen

Vermutlich waren dies die ersten Orchideen, die in unserem gemäßigten Klima auftraten. Darauf deutet besonders der Umstand hin, daß sie vornehmlich im Wald wachsen. Obwohl dieser im Winter einen erheblichen Kälteschutz bietet, ziehen alle hier vorkommenden Gattungen ihre Blätter in der kalten Jahreszeit ein. Ein weiteres Indiz dafür, daß diese Gruppe in den gemäßigten Zonen entstanden sein könnte ist, daß einige Arten in den für den Wuchs günstigeren Mittelmeerländern gar nicht oder nur in höheren Regionen vorkommen. Eher ist anzunehmen, daß z.B. *Cypripedium calceolus* aus dem schneereichen Rußland zu uns einwanderte.

oben links:

Himantoglossum hircinum – wirkt sie nicht beschwingt und fröhlich? Drei *Aceras*-Pflanzen halten sich dagegen zurück

oben rechts:

Vegetative Vermehrung (3-fach) bei *Anacamptis pyramidalis* auf einer Kuhweide

unten:

Orchis militaris x *O. purpurea* hat sich auf einem Naturhang 4-fach vegetativ vermehrt

Ein Rhizom ist ein Wurzelstock, der zumeist horizontal ausgerichtet im Boden liegt. Manche Wurzelstöcke sind so kurz, daß das Rhizom kaum als solches anzusprechen ist. Von diesen Orchideen ist ohnehin nur eine Art, *Epipactis atrorubens* (Rote Stendelwurz), rechtmäßig zu erwerben.

Besser erkennbar ist dieses Speicherorgan bei Orchideen mit längerem Rhizom. Da ist vor allem die schönste unserer heimischen Orchideen zu nennen: *Cypripedium calceolus* (der Frauenschuh).

Am leichtesten aber und damit jedem Anfänger zu empfehlen, ist die echte Sumpfwurzart: *Epipactis palustris*.

Diese waagerechten Rhizome verdichten sich im Laufe der Jahre so sehr, daß bei Nachlassen der Wuchsfreudigkeit oder Abnahme der blühenden Pflanzen eine Teilung des gesamten Wurzelstockes notwendig ist. Schließlich verkümmern bei diesen Orchideen die Wurzeln nur langsam oder bleiben erhalten, aber es kommen immer neue hinzu. Die neuen und die alten Wurzeln treten zunehmend in einen Konkurrenzkampf und werden zudem von Exkrementen der im Boden lebenden Tiere verklebt. Deshalb ist eine Teilung erforderlich, wenn die Blühwilligkeit des Horstes zurückgeht. Dann erhebt sich die Frage, wohin mit den überzähligen Pflanzen – für den Kompost sind sie eigentlich zu schade, aber jede andere Verwendung ist nach dem Bundesnaturschutzgesetz verboten. Hier bleibt es jedem einzelnen Orchideenliebhaber selbst überlassen, was er für das Richtige hält. Eines jedenfalls ist klar, sie nicht zu teilen, wäre widersinnig, da ein Unterlassen zum allmählichen Rückgang bis zum Absterben des Rhizomverbundes führen wird.

Bei *Cypripedium calceolus* bildet sich ein Innovationssproß aus, der sich im nächsten Jahr als neue Pflanze präsentiert

Die Orchidee mit Ausläufern

Aus dieser Orchideengattung ist nur eine Art bei uns heimisch: *Goodyera repens*. Sie weist einige Besonderheiten auf. Nicht nur, daß die Blätter Quernerven haben, die sich im Herbst an den neuen Trieben entfalten und winterhart sind. Ihre Ausläufer haben auch keinerlei Kontakt zum Boden, sondern schlängeln sich durch kiefernstreudurchsetztes Moos. Unklar ist, woher sie die nötigen Mineralien für die Winterhärte der Blätter bekommen.

Weil sie nicht in den Katalogen angeboten wird und auch nicht im Garten zu kultivieren sein dürfte, wurde sie nur wegen ihrer Kuriosität erwähnt.

Standortbedingungen

Die günstigsten Vegetationsbedingungen dürften für die heimischen Orchideen im Mittelalter bis gegen Ende des 17. Jahrhunderts bestanden haben. Aus verteidigungstechnischen Gründen waren die Hänge der Burgberge bzw. die nähere Umgebung der Wasserburgen entwaldet. Schafherden wurden vom zeitigen Frühjahr bis in den späten Herbst hinein über die reichlich vorhandenen, offenen, verödeten Flächen geführt (gehutet), um den Jungaufwuchs zu verbeißen. Holz als wichtiger Rohstoff wurde für den Hausbau, die Inneneinrichtung, zum Heizen und Kochen und vieles andere mehr benötigt. Sogar Laub und Reisig blieben nicht etwa im Wald liegen, sondern wurden von der ärmeren Bevölkerung regelmäßig gesammelt. Holz wurde in solchen Mengen gebraucht, daß die Verödung der Landschaft bedrohliche Ausmaße annahm (heute bedecken mehr Wälder die deutschen Fluren als im Mittelalter). Allerdings dauerte es noch bis zum Beginn des 19. Jahrhunderts, bis Botaniker und Naturfreunde sich aufgerufen fühlten, etwas zu tun.

Für die heimischen Orchideen brachte die mittelalterliche Art der Flächennutzung günstige Standortbedingungen, denn die euryöken Pflanzen wurden kurz gehalten, und durch das Einsammeln der Biomasse im Wald konnte der Orchideensamen leichter in die mineralische Schicht gelangen und dort keimen. Vermutlich konnten sich gerade in dieser Zeit die überlebensfähigen Mutationen einiger Arten gut entwickeln, ihre Standortbedingungen erweitern und sich auf neuen Lebensstätten verbreiten.

Auch deshalb lassen sich heute die Standorte, an denen Orchideen angetroffen werden können, nicht exakt festlegen. Die Liste der kulturmöglichen Arten gibt nur annähernde Hinweise. Zudem sind durch die intensive Nutzung und die Schadstoffbelastung unserer Umwelt und fehlende, ökologisch präzise Untersuchungen solche Aussagen sehr vage. Trotzdem besteht die Möglichkeit, mittels sinnvoller Biotop-Pflege, wenig belastete Standorte wieder zu reaktivieren (wie Möller 1984 bewiesen hat).

Die heimischen Orchideen lieben zwar unterschiedliche Habitate; diese weisen jedoch bestimmte Gemeinsamkeiten auf:

– ausreichende Bodenfeuchte während der Vegetationsperiode,
– genügend Luftfeuchtigkeit durch Tau, Nebel u. ä.
– geeignete externe Faktoren, z. B. Kleinklima
– artgemäße edaphische Faktoren, z. B. Bodenzusammensetzung
– ein lebendiges ‹Edaphon›, d. h. Bodenorganismen

Im weitesten Sinn sorgt für einen Ausgleich aller genannten Komponenten das entsprechende Biotop.

Externe Faktoren

Die Externen Faktoren wirken physikalisch und chemisch auf die oberirdischen Teile der Pflanzen.

Wenn im Frühjahr die Vegetationsperiode beginnt, sind – geringe Schwankungen außer acht gelassen – annähernd gleichmäßig ansteigende Temperaturen für den Wuchs sehr förderlich. Plötzliche und erhebliche Kälteeinbrüche (unter – 3 °C) im April oder Mai haben fast immer die Zurücknahme des Blütenansatzes zur Folge. Wenn es danach regnet und der Trieb fault, geht die gesamte Pflanze verlustig (Rettungsversuch: siehe S. 65). Doch auch extreme Trockenperioden in dieser Zeit können eine Blüte oder sogar die Existenz der Pflanze gefährden. Wer sich die Mühe macht, monatlich (eventuell sogar wöchentlich) regelmäßig die höchste und niedrigste Lufttemperatur (Plus-/Minus-Thermometer) zu messen, mit der Bodentemperatur (in 5 cm Tiefe) und mit der Luft- und Bodenfeuchtigkeit (Hygrometer) ebenso verfährt, kann zu interessanten Erkenntnissen kommen. So könnte unter Umständen ein gutes Orchideenjahr oder eine hohe Keimungsrate vorausgesagt werden.

Für die Orchideen mit grünen Blättern (Chlorophyll) wird für die Photosynthese eine ausreichende Helligkeit (Sonneneinstrahlung bzw. -intensität) benötigt. Fast alle voll entwickelten Orchideen sind durch die chemischen Umsetzungsprozesse in den Blättern autark, also vom Pilz unabhängig. Die von anderen Autoren, u. a. Burgeff (1954), Sadovsky (1968), zitierte Pilzumwandlung in den Wurzeln muß nicht unbedingt der Nahrungsaufnahme dienen, sondern kann auch die Abwehrreaktion der Wurzeln auf die eindringenden Hyphen darstellen.

Wichtig ist jedoch die Versorgung mit ausreichender Feuchtigkeit, denn wenn diese gewährleistet ist, können die Pflanzen auch bei intensiver und dauerhafter Sonneneinstrahlung (Gebirge) gedeihen. Das ist bei häufiger Nebelbildung und wiederholtem Regen ebenso der Fall. Auch für die »Sonnenkinder«, die *Ophrys*-Arten, ist es vorteilhaft, wenn sie möglichst lange im Tau stehen. Die zu beobachtende Schwärzung der Blattspitzen und Ränder ist in der Regel nicht auf Frostschäden im Winter zurückzuführen, sondern entsteht im Frühjahr, wenn der Saftstrom der Pflanze aktiviert wird, und dann sind sogar leichte Minusgrade gefährlich. Die gleichen Symptome treten bei ungenügender Feuchtigkeit während der Vegetationszeit auf. Es kann aber auch sein, daß die nunmehr intensivere Sonneneinstrahlung diese Schädigung der auf die schwache Wintersonne fixierten Blätter bewirkt. Werden hingegen alle Blätter gänzlich schwarz, ist eindeutig eine zu lange andauernde Trockenperiode die Ursache.

Für diese »Sonnenkinder« ist es besonders im Winter nützlich, wenn eine hohe, dichte Hecke sie vor den eisigen Ostwinden schützt. Noch günstiger ist eine Schneedecke, die jedoch nicht festgetreten (verdichtet) sein darf. Im Sommer sind dann diese Ostwinde heiß und trocken. Nägeli und Kreutz haben in Studien die Nützlichkeit einer Hecke – vermehrter Taufall, Ablenkung der Luftbewegung und dadurch verzögerte Austrocknung – auch zu anderen Jahreszeiten nachgewiesen.

Wenn – insbesondere im Sommer – die Sonne mit ihren Strahlen die Erde erwärmt, wird die Wärme auch an die Luft abgegeben. Luft nimmt um

Bei einer längeren Trockenperiode kommt *Orchis militaris* nicht mehr zum Blühen, die Blätter vertrocknen vorzeitig

Hinter einem Busch, der morgens die Tauverdunstung verzögert, finden sich besonders viele *Orchis militaris*

so mehr Feuchtigkeit auf, je stärker sie sich erwärmt. Sie entzieht diese Feuchtigkeit dem Boden und den Pflanzen. Der Boden wird trocken und die Pflanzen welken. Nur im Schatten und dort, wo die Sonnenstrahlen nicht bis zur Erdoberfläche gelangen, sich z. B. durch locker wachsendes Gras, verschiedene Kräuter und flächenmäßig größere Baumgruppen (Wald) ein Luftpolster bildet (Pelzeffekt), vollzieht sich die Austrocknung langsamer. Wenn nachts die Sonne als Wärmequelle entfällt, verliert die abkühlende Luft ihre Speicherfähigkeit und die bodennahe Feuchtigkeit wird abgegeben. So entsteht der Tau, der sich in offenem Gelände stärker bemerkbar macht als im Wald oder ähnlich bedecktem Gelände.

Schließlich ist noch die chemische Zusammensetzung der Luft und der Luftfeuchtigkeit zu erwähnen, die im industriellen und technischen Zeitalter nicht gerade umweltfreundlich ist und nach Beobachtungen von Peitz (1984) sogar morphologische Abarten von Orchideenspezies möglich macht.

Edaphische Faktoren

Die Edaphischen Faktoren sind die chemischen (mineralischen) und physikalischen Einwirkungen des Bodens auf die Pflanzenwelt. Außerdem entscheiden sie über die Tätigkeit und Artenvielfalt des Edaphons (siehe nächster Abschnitt).

Die Zusammensetzung der verschiedenen löslichen Mineralien, vor allem in ihrem Verhältnis zueinander, ist für Orchideen in unseren Breiten sehr wichtig. Es genügt nicht, nur den pH-Wert zu messen, da er auch bei unterschiedlichen Kombinationen gleich sein kann. Trotzdem ist er als grober Anhaltswert von einigem Nutzen. Meines Wissens hat erstmals Möl-

ler (1985) genauere Bodenanalysen vornehmen lassen, die erstaunliche Ergebnisse offenbaren. Das beauftragte Laboratorium glaubte bei der ersten Durchführung Fehler gemacht zu haben, doch bei der Wiederholung ergaben sich dieselben Resultate (siehe hierzu folgende Tabelle).

Von Möller veranlaßte Bodenuntersuchungen

Richtwerte/Ackerböden	pH-Wert 6,5	mg/100 g Boden							mg/1000 g				Salzgehalt ca. 0,2%	Humusgehalt 3–4%	Volumen-Gewicht
		N 15	P₂O₅ 12	K₂O 12	Mg 7	Mn 7	Na₂O 2,5	Ca 200	Cu 3	B 0,5	Fe 65	Zn 5			
D. sambucina, O.morio	4,9	1	8	14	16	28		83	2,5	1,3	52	8,5	0,02	12	
D. sambucina, Calluna	5	1	5	23	11	10	0,5	79	1,6	0,6	59	9,5	0,02	4	
O. ustulata, alpine Lage	5,2	1	8	12	29	62	2,5	380	3,5	1,1	71	13	0,06	12	0,745
O. ustulata, O. morio, G. verna	6,8	2	9	14	65	39	12	780	3,4	2,2	84	11	0,06	22	
O. ustulata, Neue Bundesländer	7,3	1	26	24	21	11	1,1	357	4	1,8	19	1,4	0,07	7	0,820
O. pallens, Neue Bundesländer	6,3	3	28	38	14	17	1,9	665	5	1,9	45	13,8	0,06	11	0,845
O. pallens, Werra, BRD	7,3	2	12	31	16	10	1,9	420	6,8	2,5	54	2,1	0,08	16	0,820
O. tridentata, Neue Bundesländer	7	2	29	30	32	35	1	484	5,7	1,2	43	7,6	0,08	6,5	0,98
O. tridentata, S. spiralis	7,4	1	21	24	8	24	0,5	440	7	1,2	65	93	0,07		
O. purpurea, Massenkeimung	7,3	1	38	30	12	13	1,2	286	1,3	1,9	18	0,1 45,4	0,07	7,8	0,825
O. purpurea, sehr große Exempl.	7,1	2	21	16	6	24	1	440	5	1	39	17	0,07	5,1	0,946
O. purpurea, H. hircinum	6,9	1	41	28	10	16	0,5	203	4	1,5	49	16	0,05	4,3	
H. hircinum, Oph. fuciflora	7	1	46	28	42	76	–	196	1,3	1,9	71	1,2	0,03	6,6	0,905
H. hircinum, Oph. fuciflora	*7*	*1,5*	*43*	*28*	*39*	*42*	*–*	*162*	*1,2*	*1,5*	*62*	*2,2*	*0,02*	*7,4*	*0,760*
Ophrys fuciflora	7,2	1	5	26	30	13	0,6	360	1,1	1,7	81	2,1	0,07	5,9	
Ophrys fuciflora	7,3	1	8	28	36	15	0,6	301	1	1,4	78	2,6	0,06	5,4	
Oph. fuciflora, Oph. insectifera, O. ustulata	7,1	2	27	44	7	14	1,5	620	5,3	1,9	38	1,2	0,07	11,6	
Cyp. calceolus, O. purpurea, Neue Bundesländer	7,1	2	15	28	10	13	2	485	14	2,6	30	7,4	0,07	8,4	0,820
Cyp. calceolus, Wacholder	7,3	2	9	9	6	16	14	980	6	1	49	2,7	0,05	6,1	
Cyp. calceolus, Buchenhochwald	7,4	2	62	18	12	5,5	3	300	1,4	0,85	46	2,3	0,06	16	0,695
O. palustris, Niedermoor	7	2	11	30	26	37	2	570	14	0,8	135	2,5	0,16	30	0,440
D. maculata, Sumpf	5	1	7	1,5	5	32	1	129	7,2	1,4	79	19,3	0,05	10	0,765
D. maculata, Erzschlamm	7,6	1	20	14	34	20	2,6	181	3,7	3,1	59	0,6	0,13	3,2	1,05

Abdruck aus *Die Orchidee* **36** *(3)*, S. 120, 1985
mit freundlicher Genehmigung der Deutschen Orchideen Gesellschaft und des Urhebers

Orchis palustris ist – in der Regel – eine hohe Orchidee mit einem lockeren Blütenstand und wächst in sumpfigen, dauernassen Böden

Aus der Tabelle läßt sich auch erkennen, daß Orchideen mit winterüberdauernden Blättern auf Standorten mit hohen Mangan-, Magnesium- und/oder Kalianteilen im Boden vorkommen. Daher ist ein Zusammenhang zwischen den genannten Komponenten und der Winterhärte zu vermuten, die es den Blättern ermöglicht, diese kalte Jahreszeit zu überstehen.

Auch Fast (1985) erkannte die Bedeutung solcher Analysen für die Orchideenökologie und bestimmte für 6 Standorte die mineralische Zusammensetzung. Sie beschreibt zudem in ihrem Artikel die angewendete Methodik der Bodenuntersuchungen.

Oftmals wird angenommen, daß ein hoher Calciumanteil (Kalk) automatisch einen pH-Wert $\geq$ 7 ergibt, doch wird er auch von weiteren Verbindungen und/oder chemischen Reaktionen anderer Komponenten erreicht. Im Vergleich zu den Richtwerten eines nicht überdüngten Ackerbodens (N = 15) sind die niedrigen Stickstoffwerte (N = 1 bzw. 2 mg/100 g) erstaunlich. Hingegen überraschen die aus der Möllerschen Tabelle ersichtlichen, hohen bis sehr hohen Werte des »Spurenelementes« Mangan (insbesondere von *Himantoglossum-hircinum*-Standorten), und auch Magnesium liegt zumeist über den herangezogenen Richtwerten. Ein eingehendes Studium mit Vergleichen der Kombinationen wird sehr empfohlen.

Die Möller'sche Tabelle ist zwar sehr aufschlußreich, aber für den Orchideengärtner sind auch die Angaben des Anzuchtbetriebs, z.B. in welchem Boden die erworbene Pflanze herangezogen wurde, von großer Wichtigkeit. Denn auch Pflanzen sind Lebewesen, die sich während ihres Wachstums auf die Gegebenheiten der Boden- und sonstigen Umweltbedingungen durch unterschiedliche Enzymzusammensetzungen einstellen. Wenn eine gewisse Toleranzgrenze überschritten ist, können sie nachträglich veränderte Fakten durch Enzymveränderungen nicht mehr ausgleichen. Dennoch ist bei den Anzuchtsubstraten Vorsicht geboten. Oft werden die Jungpflanzen in Mischungen gesetzt, die eine gute Wurzelbildung gewährleisten; die notwendigen Wuchsstoffe werden durch entsprechende Dünger zugeführt. Deshalb ist es ratsam, das Anzuchtsubstrat mit Standortboden (siehe Möllersche Tabelle) im Verhältnis 1:1, unter Umständen sogar 1:2 zu mischen. Empfohlen wird ein Kauf der Speicherorgane, wenn der oberirdische Pflanzenteil abgestorben ist. Denn jede neu zu bildende Knolle wird sich allmählich anpassen – darauf deuten Beobachtungen von Sadovsky (1968) hin.

Das Edaphon

Als Edaphon bezeichnet man die dauernd im Boden lebenden Mikro- und Makroorganismen, die sich ständig in einem Überlebenskampf befinden und den Beginn aller Nahrungsketten bilden.

Winzige Bakterien verarbeiten die gelösten mineralischen Salze des Bodens und dienen anderen mikroskopisch kleinen Lebensstrukturen als Nahrung. Andere bringen abgestorbene oder andere organische Bestandteile (z.B. auch die Testa und die Carapace der Orchideensamen) zum Gären oder Faulen, um davon existieren zu können. Auch diese werden von stärkeren oder größeren Organismen verdaut. Die mikroskopisch kleinen Organismen sind in einer unvorstellbaren Artenvielzahl vorhanden, die sich vermutlich auch an den vorhandenen mineralischen Stoffen bzw. edaphischen Faktoren orientiert und deren Zusammensetzung deshalb unterschiedlich sein kann. Folglich könnte eine relativ lange Nahrungskette bereits im Boden existieren. Alle Lebensstrukturen aber scheiden in ihrem mehr oder weniger kurzen Leben Exkremente aus oder hinterlassen

oben links:

Aceras anthropophorum – Vorkommen in Mager- und Halbtrockenrasen auf trockenen bis mäßig feuchten, basischen Böden

oben rechts:

Dactylorhiza incarnata – Vorkommen in sehr feuchten Naßwiesen auf kalkholdem Untergrund

unten links:

Anacamptis pyramidalis – Vorkommen in Magerrasen, in sehr lichten Wäldern, auf halbtrockenen bis wechselfeuchten, basenreichen Böden

unten rechts:

Cypripedium calceolus – Vorkommen in halbschattigen Laub- und Nadelwäldern, am sonnenabgewandten Waldrand (auf Kalkböden)

durch ihr Absterben Substanzen, die nun von den höheren Pflanzen für ihr Wachstum aufgenommen werden können.

Bodenbiologen haben hochgerechnet, wieviele Lebewesen in der oberen, ca. 20 cm tiefen Bodenschicht angesiedelt sind. Danach kommen auf einen Quadratdezimeter in etwa:

70 Milliarden	Bakterien
1 Million	Pilze
13 000	Fadenwürmer
1 000	Algen
130	Milben
100	Springschwänze
28	weiße Ringelwürmer

Zusätzlich zu diesen Arten lebt in jedem Quadratdezimeter 1 Fliegenlarve, 1 Tausendfüßer oder Steinläufer oder Regenwurm bzw. sonstige Arten, die wir als Kleinsttiere kennen.

Vor allem die mikroskopisch kleinen Lebewesen reagieren empfindlich auf absolute Trockenheit und Licht. Wenn die Sonne mit ihren Strahlen die blanke Erdoberfläche erwärmt, wird die Aktivität dieser für die höheren Pflanzen wichtigen Mikroorganismen erheblich beeinträchtigt. Außerdem werden ungeschützte Oberflächen durch Regen verschlämmt: Die Luftzufuhr durch die Kapillarröhrchen des Bodens unterbleibt. Diese natürlichen externen Faktoren beeinträchtigen merklich das nützliche, unterirdische Treiben. Die zusätzliche Einwirkung von Pestiziden und anderen Giften kann schließlich dazu führen, daß die natürliche Nahrungskette reißt.

Die letztgenannten der oben genannten Arten gehören zu den Makroorganismen, die zum Teil bereits an Wurzeln und Knollen höherer Pflanzen als Schädlinge auftreten, aber auch Indikatoren für die natürliche Bodengüte sind, denn bei Überdüngung und Pestizidverwendung fehlen sie im Boden und beweisen, daß das Edaphon stark geschädigt oder gar zerstört ist.

Das Edaphon kann sich in einer sonnengeschützten und durchlüfteten Bodenschicht voll entfalten. Dazu verhilft bereits ein Rasen, denn er wirkt wie ein Pelz, in dem Lufträume für ein vermittelndes Klima sorgen.

Gefährdung der Orchideenstandorte

Der Rückgang unserer Orchideenpopulationen setzte vermutlich gegen Ende des 18. Jahrhunderts im Zuge der intensiveren Naturausbeutung ein. Mit dem Wohlstand bestimmter Bevölkerungsschichten begann der Tourismus in landschaftlich schönen Gegenden. Bevorzugte Ziele waren die Meeresstrände und, für aktive Wanderer, die Alpen. Das rief um die Jahrhundertwende Naturfreunde auf den Plan, sie erwirkten ministerielle Anordnungen für den Schutz von Tieren und Pflanzen. Um 1900 prangerte Rudorff[1] die damaligen Praktiken der Flurbereinigung, der Industrieansiedlung, die negativen Folgen des Tourismus und die Verschandelung der Städte an und forderte erstmalig einen »Naturschutz«[2].

Doch trotz aller im Laufe der Jahre erlassenen Verordnungen und Gesetze stellte Burgeff (1954) fest: »Die Verarmung der europäischen Landschaft an Orchideen, die auch in den bevorzugten Verbreitungsgebieten beunruhigende Fortschritte gemacht hat, hat die Naturschützer auf den Plan gerufen, die mancherlei staatliche Bestimmungen erwirkten, aber mit dieser papiernen Waffe nur sehr Unbedeutendes erreichten und den Gang der Vernichtung nicht aufhalten konnten.«

Die nachfolgenden Erörterungen betreffen direkt oder indirekt Biotope, in denen heimische Orchideen vorkommen können, auch wenn das nicht jeweils im Einzelnen dargelegt wird.

Himantoglossum-hircinum-Pflanzen können sich auch in noch etwas höheren Gräsern behaupten

Kommerzielle und politische Interessen

Die oft als Schadensursache genannte Eutrophierung des Bodens hat für die Orchideenstandorte nur in begrenztem Maße Bedeutung. Sie ist lediglich für Wiesenorchideen von Belang, die sich gegen die hohen Grassorten (nachgemessen: bis 1,50 cm hoch) schwer behaupten können und außerdem durch Lichtmangel am Boden bei der Keimung unterdrückt bzw. am Aufkommen gehindert werden. Zudem ist eine Mahd dieser schnell wachsenden Gräser von Mitte Mai bis Anfang Juni üblich – zu einer Zeit also, wo die Wiesenorchideenarten blühen oder gar erst aufblühen. So können die Samen der Wiesenorchideen nicht ausreifen, was je nach Art 7 bis 9 Wochen erfordert.

[1] Erwähnt im Vorwort »Warum Artenschutz?«, Deutscher Rat für Landespflege, Heft 46, Seite 539, August 1985.
[2] Das Wort ‹Naturschutz› wurde von ihm zum ersten Mal verwendet.

Große Nachteile brachte und bringt die Trockenlegung von Feuchtgebieten oder Mooren im Zuge der Gewinnung von land- oder forstwirtschaftlich nutzbaren Arealen. Nicht nur, daß viele Wiesenorchideen auf diesem Untergrund gedeihen; es gibt Arten, die nur bei ständiger Feuchtigkeit oder sogar Nässe wachsen. Zusätzlich zu dieser Entwässerung wird dem Boden Grundwasser entzogen; um den steigenden Wasserbedarf von Industrie, Haushalten und landwirtschaftlicher Produktion (vor allem für die Beregnung) zu decken. Die damit einhergehende Senkung des Grundwasserspiegels vernichtet ebenfalls die Lebensgrundlagen von Orchideen. Zusammenlegung von landwirtschaftlichen Parzellen mit anschließender Nivellierung bzw. Planierung tun das übrige. Durch das Beseitigen von Landschaftsstrukturen (Hecken, Feldgehölze, Begradigen von Bachläufen usw.) wurde nicht nur ein warmtrockenes Klima erreicht, sondern auch die »Verinselung« von Restbiotopen. Die hier vorkommenden Pflanzen sind auf ein begrenztes Genpotential angewiesen. Aufgrund des fehlenden lebensförderlichen Genaustausches unterbleiben besser angepaßte Mutationen, ein Rückgang von botanischen Raritäten ist vorprogrammiert. Diese Fehlentwicklung wurde inzwischen von kundigen Naturfreunden, vornehmlich zoologisch Interessierten erkannt, und vielerorts bildeten sich Interessengruppen, die Gewächse entlang der Feldwege pflanzen, Streuobstwiesen anlegen und sich für mäandernde Bachläufe einsetzen. Alle diese Maßnahmen bringen auf jeden Fall eine Verbesserung des Kleinklimas und könnten auch für Orchideenstandorte in Frage kommen – zumindest sind sie für die bestäubenden Insekten förderlich.

Obwohl die Nachteile des Pestizideinsatzes auf und in der Nähe von naturnahen Arealen mittlerweile bekannt sind, glaubt man auf ihren Einsatz nicht verzichten zu können. Durch die Herbizide (Krautvernichtungsmittel) werden vor allem die stenöken Pflanzen, zu denen auch unsere heimischen Orchideen gehören, empfindlich beeinträchtigt. Die Insektizide (Insektenschädigende Mittel) vernichten nicht nur unerwünschte Individuen, wie Milben und einige Gattungen von Insekten, sondern auch überaus nützliche Kleintiere, z.B. solche, die die Blüten, unter anderem auch die der Orchideen, bestäuben. Die Fungizide (Pilzvernichtungsmittel) schädigen beim Eindringen in den Boden das Edaphon. Vor allem aber wird durch Pestizideinsatz die Nahrungskette nachhaltig gestört oder gar unterbrochen. Eine ähnliche Wirkung haben auch die enormen Mengen von Verbrennungsgasen, deren feste Bestandteile durch den Regen in den Boden eingebracht werden (siehe hierzu auch »Externe Faktoren«, S. 20).

Die Fläche der jetzigen Bundesrepublik ist aber nicht vermehrbar und es gilt, sie sinnvoll zu verteilen. Dazu gehört auch eine sinnvolle Abfallpolitik. Es kann nicht angehen, daß wir unseren Müll in ökologisch wertvolle Biotope abkippen, denn gerade sie sind oft Standorte von heimischen Orchideen und anderen, auf der ›Roten Liste‹ stehenden Pflanzen. Gerade weil wir wissen, daß immer mehr Menschen auf einer begrenzten Fläche leben werden, leben müssen, ist Rücksicht auf natürliche Ressourcen das erste Gebot der Stunde. Heute leben in der Bundesrepublik 218 Menschen pro km². Eine erschreckend hohe Zahl, nicht nur wenn man an das Müllaufkommen denkt, sondern auch was den Platz angeht, der für den Wohnungsbau gebraucht wird, für die Arbeitsstätten, für die Verkehrswege – und für Freizeit und Erholung. Wir müssen lernen, dieses Areal als Wert zu achten.

oben links:

Dactylorhiza majalis – Vorkommen auf feuchten Wiesen und Quellsümpfen

oben rechts:

Orchis purpurea – Vorkommen in lichten Laub- und Kiefernwäldern, auf Mager- bzw. Halbtrockenrasen auf kalkigen bzw. basischen Böden

unten links:

Spiranthes spiralis – Vorkommen auf grasigen Triften, auf Trockenrasen, auf mageren Hangwiesen, bevorzugt auf kalkhaltigen Böden

unten rechts:

Ophrys fuciflora wird oft nicht viel höher als das sie umgebende meist niedere Gras auf mageren, kalkhaltigen Böden

Freizeit und Erholung

Im Mittelalter wurde die Freizeit weitgehend im dörflichen bzw. städtischen Bereich verbracht (Darstellungen von Breughel u. a.). In den Wald ging man zumeist nur, um den Werk- bzw. Heizstoff »Holz« zu beschaffen. Doch seit der Zeit der Romantiker verlagerte sich die Freizeit mehr und mehr in die Natur. Sichtbares Zeichen dieser Entwicklung waren die zahlreichen Gründungen von Wander- und Sportvereinen in der zweiten Hälfte des 19. Jahrhunderts.

Leider beschränken sich die heutigen Freizeitaktivitäten nicht mehr darauf, auf öffentlichen Wegen zu wandern oder zu laufen. Auch die klassischen Sportarten mit einem begrenzten Platzbedarf genügen heutigen Ansprüchen nicht mehr. Früher als elitär geltende oder neuere, ausgefallene Sportarten sind »in«. Fast jeder Kurort und jede Stadt, die etwas auf sich hält, hat heute einen Golfplatz, der immerhin einige Hektar Grundfläche außerhalb des Wohngebietes (möglichst auf waldgesäumten Wiesen) benötigt. Allein der dazugehörige Parkplatz benötigt unter Umständen den Platz von einem Fußballfeld. Daß dafür gegebenenfalls ein Orchideenstandort zerstört werden muß, wird billigend in Kauf genommen. Dagegen kann aber ein Orchideenliebhaber, der einige Pflanzen retten möchte und angezeigt wird, mit einem Bußgeld von mindestens 300,– DM rechnen und muß die Orchideen an ihrem alten Standort wieder einsetzen. Angesichts der »ordnungsgemäßen«, massenhaften Vernichtung von unter Naturschutz stehenden Pflanzen durch die Planierraupe ist der Sinn von solchen Strafen nur schwer nachzuvollziehen.

Tennisplätze, Segel- und Sportflugplätze oder Moto-Cross-Gelände sind in der Vergangenheit ebenfalls nicht selten in Orchideenhabitaten angelegt worden. Heute besteht zumindest theoretisch die Möglichkeit, nach dem neuen Bundesnaturschutzgesetz bei rechtzeitiger Absprache mit der Naturschutzbehörde bzw. in ihrem Auftrag, seltene Pflanzen vor der Umwidmung dem Standort zu entnehmen und an einem von der Behörde zu bestimmenden Platz einzusetzen, ggf. einem botanischen Institut zu übergeben. Besonders bedauerlich ist es, daß so manche Landrover-Besitzer, Trial- oder Moto-Cross-Fahrer ihre Fahrten auf nicht oder nicht mehr genutzten Landflächen, z. B. auf Ödland, stillgelegten Sand- oder Tongruben »genießen«, ohne sich über ihr schädigendes Tun für die Flora und Fauna Gedanken zu machen. Gerade die ‹Ödlandflächen› – insbesondere Halbtrocken- und Trockenrasen – sind aber Habitate von vielen unserer heimischen Orchideenarten.

Besonders *eine* Sportart hat die Landschaft entscheidend verändert. Für sie wurden, ohne Rücksicht auf die Natur, Schneisen selbst in den Bannwald[3] geschlagen, durch Flächenplanierung der natürliche Bodenbewuchs vernichtet und Schlepplifte in die Landschaft gesetzt. Die Rede ist vom mehr oder weniger gekonnten »Gleiten auf Skiern«. Durch den Druck, den Hunderte von Skiern auf den Schnee ausüben, wird die Schneeauflage

Auf einem ökologisch wertvollen Gebiet (Ödland) testen Land-Rover und Moto-cross-Räder ihr Gefährt

[3] Der Bannwald soll im Hochgebirge sich bildende Lawinen bereits im Ansatz zerstören und so die alpine Bevölkerung schützen.

derart verdichtet, daß im Sommer nicht einmal mehr das anspruchslose Gras auf den Pisten wachsen kann – aber an jeder Berghütte werden die Wanderer ermahnt, die abgebildeten Orchideenarten und seltene Pflanzen nicht abzupflücken oder gar auszugraben.

Zieht man in Betracht, daß auf nicht oder nicht mehr bewirtschafteten Flächen kein Dünger ausgebracht wird und in Wäldern zur Abwendung von Schäden durch den »Sauren Regen« gekalkt wird (eine zusätzliche Verwendung von Magnesium und Mangan wäre noch wirkungsvoller), muß man feststellen, daß speziell für die heimischen Orchideen Freizeit- und Erholungsaktivitäten die größte Gefahr darstellen.

Fehlende Standortpflege

Doch um der Wahrheit die Ehre zu geben, muß auch von einer Unterlassungssünde berichtet werden, die ebenfalls zum Rückgang der Orchideenpopulationen geführt hat und, falls nichts unternommen wird, weiterhin dazu beitragen wird.

Hat man bislang Areale mit schützenswerten Pflanzen oder/und Tieren unter Naturschutz gestellt und gehofft, daß sich die Natur in solchen Biotopen weiterhin im Gleichgewicht hält, muß man nunmehr die »Selbstüberlassung« als grundsätzliches Prinzip in Frage stellen. Das ständige Bemühen der Pflanzen, jedes Fleckchen der Erde zu besiedeln und sich auch gegen Konkurrenzgewächse zu behaupten bzw. sie zu verdrängen, führt dazu, daß die stenöken, ökologisch eng angepaßten Pflanzen zumeist den euryöken Allerweltsarten weichen müssen, so wie kleinere Gewächse den größeren. Dieser, Sukzession genannte, Vorgang verläuft je nach Beschaffenheit des Untergrunds zwar etwas anders, aber jede Pflanzengeneration bringt neben der Humusbildung auch einen Stickstoffanteil in den Boden ein, der im Laufe der Jahre das Gedeihen etwas größerer Pflanzen ermöglicht.

Hier sollten nun Pflegemaßnahmen ergriffen werden, um den Zustand zu bewahren, der der Grund für die Unterschutzstellung war. Oftmals aber ist dieser Grund gar nicht mehr erkennbar. Austrocknung, Verbuschung, Bewaldung und Zweckentfremdung durch Freizeitaktivitäten (auch von Bauer 1985 festgestellt) haben das »Gesicht« des geschützten Geländes entstellt. Aus eigener Beobachtung kann der Autor noch hinzufügen: unsachgemäße Pflege hat das ihrige dazu beigetragen. Bäume in der Natur mit einem Bubikopfschnitt zu versehen ist unnatürlich und genau so unsinnig, wie eine Schafherde am 10. Mai über ein Naturschutzgebiet zu führen (so geschehen), weil nicht nur der Pflanzenaufwuchs mit den Blüten und Knospen verbissen wird, sondern auch die Vogelnester der Bodenbrüter in Mitleidenschaft gezogen, wenn nicht gar zerstört werden.

Bedenkt man die Umstände, die in früheren Zeiten durch die allgemeinen Lebensumstände eine reichhaltige Orchideenflora ermöglichten (siehe voriges Kapitel), sollte man versuchen, ähnliche Verhältnisse wieder herzustellen. Doch eingedenk dessen, daß vorhandene Orchideen sich an das Kleinklima angepaßt haben, ist eine radikale Pflegemaßnahme wiederum auch nicht angebracht, was nicht heißen soll, daß neu geschaffene Naturschutzgebiete unter Umständen zunächst Stickstoffabschöpfungen oder ähnliche Maßnahmen erforderlich machen. Im übrigen seien die im vorigen Kapitel und die im Kapitel »Vermehrungsmöglichkeiten« gegebenen Hinweise den neuen Orchideenfreunden ans Herz gelegt, denn der Autor hofft, daß einige Leser sich nunmehr einer interessanten Freizeitbetätigung zuwenden.

Einwirkungen der Emissionen und Abfallstoffe

Für viele heimische Orchideenarten sind es weniger angewehte Dünger-mengen, als indirekte Einwirkungen, die mit ihren negativen Auswirkun-gen auf das Edaphon die Standortverhältnisse entscheidend verändern. Gerade die Halbtrockenrasen, die häufig als wertloses Ödland bezeichnet werden, reagieren empfindlich auf ortsfremde Stoffe. Dem Autor ist eine Örtlichkeit bekannt, wo durch Abkippen von Sägewerksabfall der Boden so verändert wurde, daß durch eine Zunahme der Stickstoffanteile im Boden und dem damit einhergehenden Aufwuchs hoher Gräser und anderer euryöker Gewächse, dort vorkommende schützenswerte Pflanzen ver-schwanden. An einer Stelle in der Eifel wurde ein Standort mit Orchideen und anderen geschützten Gewächsen als örtliche Müllkippe benutzt. Heute ist darüber eine Erdschicht gebreitet, auf der nun Allerweltspflanzen wuchern.

Peitz (1984) berichtet von einem *Ophrys-fuciflora*[4]-Standort unter einer Einflugschneise eines Flugplatzes mit Blütenmißbildungen und sterilen Samenkapseln. Den Kraftwagen als einzigen und größten Umweltschädiger zu verurteilen, hält der Autor daher für bedenklich, zumal er an einer neu geschaffenen Böschung der Maintalstraße und an Straßen im Odenwald mehrere Pflanzen von *Orchis mascula* ausmachen konnte. Eingedenk des-sen, daß CO_2 von den Pflanzen für die Photosynthese benötigt wird und die heutige Waldfläche größer ist, als im Mittelalter, sollten offizielle Aussagen objektiver sein.

Festzuhalten bleibt, daß mit der Industrialisierung der Rückgang der Orchideenpopulationen begann und sie durch das Wachstum der Produk-tion, der vermehrten Freizeitaktivitäten und der Unterlassung von durch-dachten Standort-Pflegemaßnahmen weiterhin abnehmen.

[4] Solange sich die Systematiker nicht einig sind, ob *O. holoserica* oder *O. holo-sericea* der gültige Name sein soll, bleibt der Autor beim bewährten *O. fuciflora.*

Orchideenschutz –
Rechtliche Grundlagen

Bundesnaturschutzgesetz (BNatSchG)

Nach dem Bundesnaturschutzgesetz (BNatSchG) vom 12. März 1987, das im Bundesgesetzblatt (BGBl.) I, Seite 889 bekannt gegeben wurde und am 1. Januar 1987 in Kraft trat, sind alle heimischen Orchideen unter Schutz gestellt. In diesem Gesetz sind außerdem die Eingriffe in Natur und Landschaft geregelt, sowie die Aufgaben des Artenschutzes. Ebenso wird der allgemeine Schutz wildlebender Tiere und Pflanzen im § 20d angesprochen. Danach ist es verboten,

1. »wildlebende Tiere mutwillig zu beunruhigen oder ohne vernünftigen Grund zu fangen, zu verletzen oder gar zu töten;
2. ohne vernünftigen Grund wildlebende Pflanzen von ihrem Standort zu entnehmen oder zu nutzen oder ihre Bestände niederzuschlagen oder auf sonstige Weise zu verwüsten;
3. ohne vernünftigen Grund Lebensstätten wildlebender Tier- und Pflanzenarten zu beeinträchtigen oder zu zerstören.«›

Darunter fallen auch verwilderte oder durch menschlichen Einfluß eingebürgerte Pflanzen, die sich über mehrere Generationen in freier Natur als Population erhalten (§ 20 a (4)).

Anemone sylvestris ist ein Hahnenfußgewächs und eine sehr geeignete Begleitpflanze für Orchideen an schattigen/halbschattigen Plätzen, auf kalkhaltigen Böden, z. B. für *Orchis mascula*

Wichtig für Orchideenliebhaber ist aber vor allem § 20 f »Schutzvorschriften für besonders geschützte Tier- und Pflanzenarten«.
Danach ist es unter (1)2. verboten, »wildlebende Pflanzen der besonders geschützten Arten oder ihre Teile oder Entwicklungsformen abzuschneiden, abzupflücken, aus- oder abzureißen, auszugraben, zu beschädigen oder zu vernichten.« Es ist sogar verboten – nach (1)4. –, »Standorte wildlebender Pflanzen der vom Aussterben bedrohten Arten durch Aufsuchen, Fotografieren oder Filmen der Pflanzen oder ähnliche Handlungen zu stören.«

§ 20 g ist ebenfalls von großem Interesse, denn darin werden die Ausnahmen erläutert.
Von den Besitz-, Vermarktungs- und sonstigen Verkehrsverboten sind ausgenommen – gemäß (1)2. – »Pflanzen, die im Geltungsbereich dieses Gesetzes durch Anbau gewonnen worden sind«.
Bemerkenswert ist Absatz (6): »Die nach Landesrecht zuständigen Behörden können im Einzelfall, die Landesregierungen allgemein durch Rechtsverordnung weitere Ausnahmen von den Verboten des § 20 f Abs. 1 und den

Besitz-, Vermarktungs- und sonstigen Verkehrsverboten zulassen, soweit dies

1. zur Abwendung erheblicher land-, forst-, fischerei-, wasser- oder sonstiger gemeinwirtschaftlicher Schäden,
2. zum Schutz der heimischen Tier- und Pflanzenwelt oder
3. für Zwecke der Forschung, Lehre, Zucht, des Anbaus oder der Ansiedlung erforderlich ist, der Bestand und die Verbreitung der betreffenden Populationen oder Art nicht nachteilig beeinflußt wird und sonstige Belange des Artenschutzes« ... »nicht entgegenstehen.«

§ 22 regelt die Nachweispflicht, bzw. eine mögliche Einziehung durch Behörden. Danach kann jeder, der eine Pflanze, eine Entwicklungsform der besonders geschützten Art und aus ihnen gewonnene Erzeugnisse besitzt, sich nur dann auf eine Berechtigung berufen, wenn er diese Berechtigung nachweist »oder nachweist, daß ein Dritter die Tiere oder Pflanzen vor dem 31. August 1980 in Besitz hatte.«

Doch für die vor dem 1. Januar 1987 erworbenen Pflanzen, die dem persönlichen Gebrauch dienen, genügt anstelle des Nachweises eine Glaubhaftmachung. Allerdings ist der Nachweis zu erbringen, wenn nach Artikel 29 Abs. 1 der EWG-Verordnung Nr. 3418/83 bestimmte Dokumente vorgeschrieben sind.

Zusammengefaßt bedeutet dies, daß nur solche Orchideen in einem Garten ausgepflanzt werden dürfen, die aus einem anerkannten Anzuchtbetrieb stammen und für die eine Bescheinigung darüber vorliegt, daß die Pflanzen durch Anzucht gewonnen wurden. Eine einfache Kassenquittung genügt dafür nicht. Eine unrechtmäßige Inbesitznahme kann bis zu 100 000 DM geahndet und die Pflanzen können beschlagnahmt werden. Deshalb sollte man sich vor einem Erwerb über die Herkunft der Orchideen und anderer geschützter Pflanzen unbedingt informieren, ggf. sogar eine vorgefertigte eidesstattliche Erklärung der Bestellung beilegen, die von der unteren Naturschutzbehörde mit Siegel und Unterschrift bestätigt sein sollte. Darin sollte vor allem das BNatSchG § 20g (1)2. zitiert werden.

Leider hat das BNatSchG nur vage Hinweise auf die Biotoppflege gegeben, obwohl gerade diese eine wichtige Voraussetzung für den Erhalt und sogar die Vermehrung der Orchideen in der Natur ist. Zu hoffen wäre deshalb, daß demnächst auch eine fachkundige Durchführungsverordnung zu diesem Gesetz erscheint.

Bundesartenschutzverordnung (BArtSchV)

Die Bundesregierung unterzeichnete partnerschaftlich das Washingtoner Artenschutzabkommen (Convention on International Trade in Endangered Spezies of Wild Flora and Fauna – abgekürzt CITES) und stimmte der EWG-Verordnung Nr. 3626/82 zu, wo im Anhang C Teil 1 die Tiere und Pflanzen der vom Aussterben bedrohten Arten aufgeführt sind, die nicht verkauft, zum Verkauf vorrätig gehalten, angeboten oder befördert oder zu kommerziellen Zwecken zur Schau gestellt werden dürfen (BNatSchG § 20g (2)).

oben links:

Dactylorhiza fuchsii ssp. *alba* – Albino-Abart, entstanden durch genetische Mutation (Albinos sind an den gelben Pollinien erkennbar – sonst rötlich)

oben rechts:

Dactylorhiza maculata – Vorkommen in neutralen bis leicht sauren, wechselfeuchten Wiesen, Flach- und Zwischenmooren

unten links:

Spiranthes aestivalis – Vorkommen an feuchten Stellen, in Flachmooren auf leicht sauren bis kalkholden Böden

unten rechts:

Dactylorhiza fuchsii – Vorkommen in trockenen bis feuchten Wiesen, in lichten Wäldern, auf basischen Moorböden (große Amplitude), vor allem auf kalkholden Böden (wahrscheinlich aus einer lebensfähigen Mutation von *Dactylorhiza maculata* entstanden)

Darüber hinaus sind in der Bundesartenschutzverordnung vom 19. Dezember 1986 in beigefügten 6 Anlagen namentlich die geschützten und besonders geschützten Arten aufgelistet. Darin werden (Anlage 2 auf Seite 2753, letzte Zeile) »die Orchideen – alle europäischen Arten –« als besonders geschützte Pflanzen angegeben.

So widersinnig die Gesetze und Verordnungen erscheinen mögen, wenn z. B. bei Umwidmung, Flächeneinebnung oder Überbauung (Neubaugebiete, Straßenbau u. ä.) eine Planierraupe Orchideenpflanzen auf der Schaufel hat, und es dennoch einem Orchideenfreund nicht erlaubt ist, diese ohne weiteres in seinem Garten umzupflanzen, so sind sie dennoch gültiges Recht, weil sich ohne Bescheinigung die Rechtmäßigkeit des Besitzes nicht beweisen läßt..

Darum ist es so außerordentlich wichtig, für die Orchideenpflanzen, die man kauft, einen schriftlichen Nachweis zu erhalten. Will man von einem ausländischen Anbieter geschützte Pflanzen erwerben, muß eine Genehmigung von einer Naturschutzbehörde, in besonderen Fällen vom Bundesamt für Ernährung und Forstwirtschaft, Adickeallee 40, D-6000 Frankfurt/Main eingeholt werden.

Dem Gesetzgeber ist daran gelegen, die ohnehin schon besonders gefährdeten und stellenweise schon verschollenen bzw. ausgestorbenen Orchideen so weit wie möglich zu schützen. Andererseits hat er Verständnis dafür, wenn Liebhaber solche Pflanzen besitzen möchten. Deshalb erlaubt er den Ankauf aus anerkannten Anzuchtbetrieben, die ständig überwacht werden und, daß die geschützten Pflanzen dort aus Samen herangezogen oder durch andere gärtnerische Methoden vermehrt wurden. Dabei hat er bereits Zugeständnisse gemacht, denn etliche Botaniker und Naturschutzverbände lehnen eine Ansiedelung im eigenen Garten grundsätzlich ab. Paradox daran ist jedoch, daß gerade sie (mit Einschränkung) sich wenig um die Vermehrung der Orchideen durch sinnvolle Maßnahmen am Standort kümmern.

Schwierig wird die Rechtslage, wenn man von einem anderen Orchideenfreund eine Pflanze geschenkt bekommt oder sie spontan keimt – wie im Garten von Alt-Bundeskanzler Helmut Schmidt. Kann man von dem Erstgenannten noch eine Bescheinigung darüber erbitten, daß die von ihm ordnungsgemäß erworbene Orchidee sich bei ihm vegetativ vermehrt hat, ist der Beweis einer spontanen Keimung schon kaum mehr zu erbringen. Wer jedoch bei einem Botanischen Garten oder einer Naturschutzbehörde gut bekannt ist, sollte eine Meldung trotzdem in Erwägung ziehen. Ansonsten besteht wohl nur die Möglichkeit, sich diese Tatsache von einem Rechtsanwalt bestätigen zu lassen, der dies ggf. auch vor Gericht vertritt. Einen Spezialisten für dieses komplizierte und manchmal logisch nicht nachvollziehbare Gebiet kann man bei der Rechtsanwaltskammer erfragen.

Arnika montana, der Berg-Wohlverleih, ist auf wechselfeuchten, leicht sauren bis neutralen Magerwiesen zu finden; er kann dort mit *Dactylorhiza maculata* stehen

Angebotene, kulturgeeignete Orchideenarten

Obwohl bereits mehrfach darauf hingewiesen wurde, soll am Anfang gerade dieses Kapitels noch einmal betont werden, daß nur solche Orchideen im Garten anzupflanzen sind, die aus einem anerkannten, der Kontrolle durch die Naturschutzbehörden unterliegendem Anzuchtbetrieb stammen. Ein Nachweis muß jederzeit überprüfbar sein, andernfalls können die Pflanzen beschlagnahmt werden. Deshalb sind in der nachfolgenden Liste auch nur die Gattungen und Arten aufgeführt, von denen bekannt ist, daß sie in solchen Anzuchtbetrieben erhältlich sind. Zudem haben diese, von einem Anzuchtbetrieb gewonnenen Pflanzen den nicht zu unterschätzenden Vorteil, daß sie bereits unter Gartenbedingungen angezogen wurden.

Aus der Reihe von Anzuchtbetrieben, die die Bestimmungen des BNatSchG erfüllen, sind im folgenden willkürlich drei dem Autor zufällig bekannte Betriebe als mögliche Bezugsquellen angegeben. Es sei ausdrücklich darauf hingewiesen, daß es sich bei den genannten Anbietern weder um die einzigen, und schon gar nicht um die einzig verläßlichen Anbieter handelt. Ein Blick in einschlägige Fachzeitschriften genügt, um zusätzliche Adressen ausfindig zu machen. Daß Anzuchtbetriebe überhaupt namentlich genannt werden, soll lediglich dem Orchideenliebhaber, der ganz am Anfang steht, eine kleine praktische Hilfe sein.

Die Orchideen, die in den jeweiligen Bereichen gepflanzt werden können, sind bei den Kleinarealen aufgeführt. So bleibt es nicht aus, daß sie auch mehrfach erwähnt werden. Bei den Standortansprüchen, die von den Orchideen bevorzugt werden, ist die Artbezeichnung (zweiter Name) fett ausgedruckt. Die Liste bezieht sich auf die Katalogausgaben von 1990.

Orchideen für Feuchtgebiete

Botanischer Name	Deutscher Name	zu beziehen Kohls[1] Maier[2] Wetzel[3]			pH-Wert
Dactylorhiza fuchsii	Fuchs' Knabenkraut	x			6,8–7,5
Dactylorhiza fuchsii var alba	Weißes Fuchs' Knaben-kraut	x			6,8–7,5
*Dactylorhiza **maculata***	Geflecktes Knabenkraut	x	x	x	4,9–7,5
*Dactylorhiza **majalis***	Breitblättriges Knabenkraut	x	x	x	5,4–8,1
*Dactylorhiza **praetermissa***	Übersehenes Knabenkraut	x			6,8–7,5
*Epipactis **palustris***	Echte Sumpfwurz	x	x	x	6,5–8,5
*Spiranthes **aestivalis***	Sommer-Drehwurz	x			6,8
sehr feucht:					
*Dactylorhiza **incarnata***	Fleischfarbenes Knaben-kraut			x	6,0–8,5
*Dactylorhiza **incarnata** var.alba*	Weißes, steifblättriges K.	x			6,0–8,0
*Dactylorhiza **purpurella***	Purpurblütiges Knaben-kraut	x			6,2–7,0
*Orchis **palustris***	Sumpfknabenkraut			x	5,2–7,0

Orchideen für wechselfeuchte Gebiete (Magerwiesen)

Botanischer Name	Deutscher Name	zu beziehen Kohls[1] Maier[2] Wetzel[3]			pH-Wert
Aceras anthropophorum	Menschentragendes Ohnhorn	x		x	7,6–8,3
*Dactylorhiza **fuchsii***	Fuchs' Knabenkraut	x			6,8–7,5
*Dactylorhiza **fuchsii** var. alba*	Weißes Fuchs' Knaben-kraut	x			6,8–7,5
Dactylorhiza maculata	Geflecktes Knabenkraut	x	x	x	4,9–7,5
Dactylorhiza majalis	Breitblättriges Knabenkraut	x	x	x	5,4–8,1
*Dactylorhiza **sambucina***	Holunderknabenkraut			x	4,9–6,8
Epipactis atrorubens	Braunrote Stendelwurz	x		x	7,5–9,0
Gymnadenia conopsea	Mücken-Händelwurz	x		x	5,0–8,5
*Orchis **coriophora***	Wanzenknabenkraut			x	6,3–7,0
*Orchis **mascula***	Männliches Knabenkraut	x		x	5,2–8,5
Orchis militaris	Helmknabenkraut	x		x	7,4–9,0
*Orchis **morio***	Kleines Knabenkraut	x		x	4,9–7,3
Orchis pallens	Blaßgelbes Knabenkraut			x	6,3–7,3
Orchis purpurea	Purpurknabenkraut	x		x	6,9–8,5
*Orchis **ustulata***	Brandknabenkraut			x	6,0–8,0
*Platanthera **bifolia***	Zweiblättrige Wald-hyazinthe			x	4,8–7,5
Platanthera chlorantha	Grünliche Waldhyazinthe	x		x	7,5–8,1
Spiranthes aestivalis	Sommer-Drehwurz	x			6,8
Spiranthes spiralis	Herbst-Drehwurz	x			5,0–7,6

[1] Gerd Kohls, Sylter Bogen 23, D-2300 Kiel
[2] Erich Maier, Hansell 155, D-4417 Altenberge, Westfalen
[3] Gabriele Wetzel, Oberkohlfurth, D-5600 Wuppertal 12

Orchideen für halb-/ wechseltrockene Bereiche

Botanischer Name	Deutscher Name	zu beziehen Kohls[1] Maier[2] Wetzel[3]			pH-Wert
Aceras **anthropophorum**	Menschentragendes Ohnhorn	x		x	7,6–8,3
Anacamptis **pyramidalis**	Pyramidenorchis	x		x	7,5–8,5
Dactylorhiza sambucina	Holunderknabenkraut			x	4,9–6,8
Dactylorhiza maculata	Geflecktes Knabenkraut	x	x	x	4,9–7,5
Dactylorhiza fuchsii	Fuchs' Knabenkraut	x		x	6,8–7,5
Gymnadenia **conopsea**	Mückenhändelwurz	x		x	5,0–8,5
Himantoglossum **hircinum**	Bocksriemenzunge	x		x	7,0–8,5
Ophrys **apifera**	Bienen-Ragwurz	x		x	7,4–8,5
Ophrys **apifera** *ssp. friburgensis*	Bienen-Ragwurz-Unterart			x	7,4–8,0
Ophrys **fuciflora**	Hummel-Ragwurz	x		x	7,0–8,8
Ophrys **insectifera**	Fliegen-Ragwurz	x		x	7,1–8,5
Ophrys **sphegodes**	Spinnen-Ragwurz	x		x	6,8–9,0
Ophrys **sphegodes** *ssp. litigiosa*	Kleinblütige Spinnen-Ragwurz			x	7,0–8,8
Orchis mascula	Männliches Knabenkraut	x		x	5,2–8,5
Orchis **militaris**	Helmknabenkraut	x		x	7,4–9,0
Orchis **pupurea**	Purpurknabenkraut	x		x	6,9–8,7
Orchis **tridentata**	Dreizähniges Knabenkraut			x	6,9–8,5
Orchis ustulata	Gebranntes Knabenkraut			x	6,0–8,0
Platanthera bifolia	Zweiblättrige Wald-hyazinthe			x	4,8–7,5
Platanthera **chlorantha**	Grünliche Waldhyazinthe	x		x	7,5–8,1
Spiranthes **spiralis**	Herbst-Drehwurz	x		x	5,0–7,6
Epipactis atrorubens	Braunrote Stendelwurz	x		x	7,5–9,0

Orchideen für zumeist lichte, schattige Bereiche (vor allem in der Mittagszeit)

Botanischer Name	Deutscher Name	zu beziehen Kohls[1] Maier[2] Wetzel[3]			pH-Wert
Anacamptis pyramidalis	Pyramidenorchis	x		x	7,5–8,5
Cypripedium **calceolus**	Frauenschuh	x	x	x	7,1–7,9
Dactylorhiza maculata	Geflecktes Knabenkraut	x	x	x	4,9–7,5
Dactylorhiza fuchsii	Fuchs' Knabenkraut	x		x	6,8–7,5
Epipactis **atrorubens**	Braunrote Stendelwurz	x		x	7,5–9,0
Orchis mascula	Männliches Knabenkraut	x		x	5,2–8,5
Orchis militaris	Helmknabenkraut	x		x	7,4–9,0
Orchis **pallens**	Blaßgelbes Knabenkraut			x	6,3–7,3
Orchis purpurea	Purpurknabenkraut			x	6,9–8,7
Platanthera bifolia	Zweiblättrige Wald-hyazinthe			x	4,8–7,5
Platanthera chlorantha	Grünliche Waldhyazinthe	x		x	7,5–8,1

[1] Gerd Kohls, Sylter Bogen 23, D-2300 Kiel
[2] Erich Maier, Hansell 155, D-4417 Altenberge, Westfalen
[3] Gabriele Wetzel, Oberkohlfurth, D-5600 Wuppertal 12

Vegetationsbedingungen in der Natur und im Garten

Die Vorkommen einer Orchideenart in den unterschiedlichen Habitaten in der Natur sind noch immer nicht restlos geklärt. Das wird – wenn überhaupt – noch etliche Jahrzehnte dauern. Vielleicht kommen wir einen kleinen Schritt weiter, wenn Liebhaber sich dem Problem widmen und ggf. darüber berichten. Aus vielen kleinen Mosaiksteinchen ließe sich im Laufe der Zeit ein fundiertes Wissen darüber zusammenstellen.

Die Vegetationstypen sollen nach dem derzeitigen Stand der Beobachtungen erörtert und ihre Realisierung im Garten versucht werden. Als anzustrebendes Vorbild dienen die Verhältnisse in der Natur, die die Grundlage für die folgenden Ausführungen bilden. Der Autor erhebt nicht den Anspruch, daß die vorgetragenen Gedanken und Fakten der Weisheit letzter Schluß sind, aber sie können dem Orchideenliebhaber sicher ein Stück weiterhelfen.

Es sind im wesentlichen vier Vegetationsbereiche, die den in der Natur beobachteten Standortbedingungen entsprechen. Welche Orchideen in dem jeweiligen Bereich wachsen müßten, wurde bereits auf den Seiten 38 und 39 aufgelistet. Es empfiehlt sich, einige Monate vor der Bepflanzung ein möglichst naturnahes Kleinklima zu schaffen.

Der Feucht-/Naßbereich

Als Feuchtgebiete werden Gebiete bezeichnet, die hohes Grundwasser anzeigen oder an denen Quellwasser flächenmäßig zutage tritt. Es können daher offene, nasse Wiesen oder auch solche mit Sträuchern und Bäumen (Erlen) bzw. mit Gehölzgruppen bewachsene Flächen sein. Selbst im Sommer wird der Boden nicht völlig trocken, obwohl er offen den Sonnenstrahlen ausgesetzt ist. Der Boden wird in der Ebene zumeist im leicht sauren Bereich, im kalksteinhaltigen Gebirge oder bei Flächen über ähnlich basischem Gestein hingegen etwas über dem pH-Wert 7 liegen. Leider wurden in den 60er Jahren viele derartige Flächen durch Drainage entwässert und etlichen Orchideen dadurch die Lebensgrundlage entzogen.

Zeigerpflanzen sind u.a.: das Herzblatt (Parnassia palustris), die Kukkucks-Lichtnelke (Lychnis flos-cuculi), das Wiesenschaumkraut (Cardamine pratensis), in den Alpen das Fettkraut (Pinguicula vulgaris) und die Simsenlilie (Tofieldia calyculata); im Naßbereich kann auch der Fieberklee (Menyanthes trifoliata) vorkommen.

Das Anlegen eines solchen Bereichs erfordert im Garten eine Isolierung des wasserhaltigen Substrats gegenüber dem umgebenden Boden. Er sollte im sonnigsten Teil des Kleinareals liegen und ständige Bodennässe aufwei-

sen. Am kostengünstigsten dürfte es sein, nach Ausheben einer etwa 50 cm tiefen Grube, diese mit einer Teichfolie auszulegen, mit Regen- oder Quellwasser zur Hälfte aufzufüllen und am Rande mit einem Sicherheitszuschlag von etwa 20 cm abzuschneiden.

Wer die finanzielle Ausgabe nicht scheut, sollte jedoch eine vorgefertigte, handelsübliche Teichwanne einbringen. Dieser Behälter hat zudem den Vorteil, daß er, leicht schräg eingesetzt, problemlos unterschiedliche Feuchtigkeitsstufen anbietet. Es sollte dabei bedacht werden, daß nach der Einsenkung mit einem Teil des ausgehobenen Bodens außerhalb der Wanne die Grube aufzufüllen ist. Anschließend wird dieser Bereich mit Wasser eingeschlämmt. Damit kein Auftrieb der Teichform erfolgt, wird sie ebenfalls mit Regen- bzw. Quellwasser gefüllt. Wer jedoch diese Tätigkeit bereits im Herbst verrichtet, hebt sich das seitliche Stopfen bis zum Frühjahr auf. Inzwischen wird die Wanne von dem herbstlichen und winterlichen Regen normalerweise zum großen Teil gefüllt. Nach einer praxisorientierten Methode von Maier werden Plastikeimer oder -kästen (die aber 5 cm niedriger sein sollten als die Teichwanne tief ist) seitlich mit ein oder zwei Luft- bzw. Wasseraustauschlöchern im oberen und unteren Bereich versehen. So kommt auch während der ungemütlichen Jahreszeit, wenn es draußen regnet und stürmt, keine Langeweile auf. An einem frostfreien Wintertag, wenn das Wasser nicht zu Eis erstarrt ist, setzt man diese Behälter (mit der Öffnung nach unten) in die Wanne. Nun bringt man zur Stabilisierung ihrer Lage, eine Schicht Silikatsteinchen, groben Blähton, Bimskies o.ä. (das feine Material aussieben) etwa bis zur Hälfte der Eimer/Kästen — oder auch etwas höher — ein. Die Löcher seitlich vom Eimerboden, die nun oben sind, sollten aber später im Naturboden-/Substratbereich liegen. Bezweckt wird, durch die seitlichen Löcher neben der Luftregulierung, das Absinken des Erdsubstrats zu behindern und die Grundverschlämmung zu verzögern. Durch dieses Verfahren wird neben der sicheren Wasserversorgung auch Pflanzensubstrat gespart. In aller Ruhe kann nun bis zum Frühjahr gewartet werden. Ein Auftrieb der Teichform beim Auffüllen des Außenbereichs mit Aushuberde und deren Einschlämmen bzw. Stopfen dürfte nicht mehr zu erwarten sein. Man kann natürlich auch zunächst Regenwasser langsam bis zum Rand nachfüllen und das vorgesehene Feuchtbiotop herrichten, bevor der Außenbereich wieder hergestellt wird.

Ganz individuell ließe sich der Feuchtbereich gestalten, wenn vor dem Bodenabtrag in die noch unberührte, verfestigte Erde ein 5 bis 8 cm breiter Graben mit einer Pflanzkelle o.ä. gezogen wird, der mit durch Wasserglas (erhältlich in Drogerien) angereicherten Beton aufgefüllt und — auch zwischendurch — festgestampft wird. Die Seitenwände sollten sich nach unten verjüngen, damit beim Auftauen des gefrorenen Wassers die Seitenwände nicht reißen. Nach etwa 10 Tagen müßte die äußere Betonform fest sein. Dann kann der innen lagernde Boden ausgehoben und die Tiefe noch etwas abgesenkt werden. Dabei ließen sich auch Flachzonen anlegen. Auf den Grund wird ebenfalls eine Beton-Wasserglas-Schicht aufgetragen und mit den Seiten dicht verbunden. Auch ein Zwischensteg ließe sich einfügen, so daß zwei verschiedene Erdmischungen (leicht sauer und alkalisch) für die unterschiedlichen Substratansprüche der Orchideen eingebracht werden könnten. Wenn die Form abgetrocknet ist, empfiehlt es sich, diese nochmals mit Wasserglas oder/und einer Kautschukfarbe o.ä. (für Schwimmbecken) einzustreichen. Nach der letztgenannten Methode hatte der Autor 1958 einen kleinen Fischteich in seinem damaligen Garten angelegt.

Feuchtgebiet auf einer Insel. Durch
die Bodenerhebung in der Mitte
lassen sich auf engstem Raum zwei
unterschiedliche Feuchtzonen
schaffen

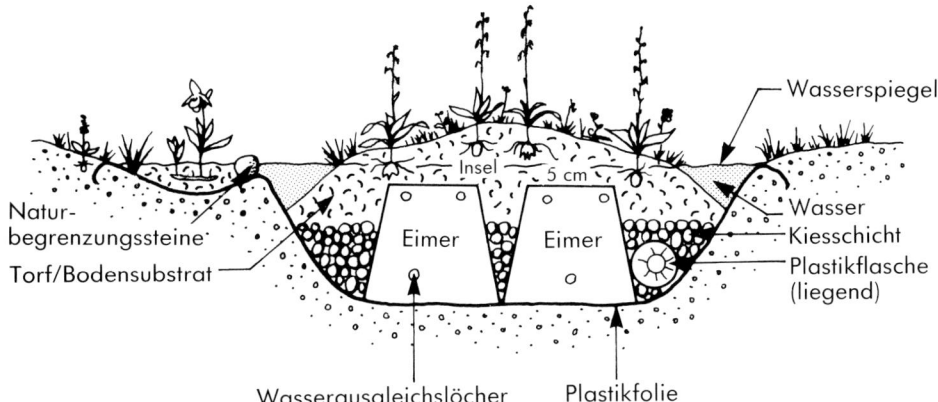

Gruß (1990) berichtet nach einem Besuch in einer Gärtnerei für Sumpf-
pflanzen eine erfolgreiche Methode der Dauerdurchfeuchtung, die zum Teil
schon beschrieben wurde (er bezieht seine Schilderung auf einen Betonbe-
hälter). Man legt auf den Grund der drei genannten Formen leere Plastikfla-
schen, mit einem Luftabzugsloch am oberen Rand, mit der Öffung nach der
Seite, deren Größe und Anzahl sich nach der Ausdehnung und der Tiefe
des Feuchtbereichs richten. Vorsichtig darf jetzt, sofern nicht schon vorhanden, Regen- oder Quellwasser hineingeschüttet werden, langsam deshalb, damit die Luft aus den Behältern entweichenn kann und keinen
Auftrieb der nichtrostenden Gefäße erzeugt. Wenn für einen Abfluß gesorgt
wird, kann man auch das von einem Dach aufgefangene Regenwasser durch
ein Rohr zuführen (ggf. den noch zu behandelnden Schneckenzaun von
unten her aussparen, aber wieder sichern). Der Rohraustritt läßt sich als
eine Pseudo-Quelle fassen und der Abfluß als ein mäanderndes Rinnsal
anlegen. Doch vermutlich wird das überschüssige Wasser schon sehr bald
versickert sein.

Doch auch außerhalb des Schneckenzaunes läßt sich der Feuchtbereich
anlegen, wenn der wasseraufnehmende Behälter genügend groß ist. Ein
Teichgebilde nach den bereits erwähnten Bauweisen (es eignet sich auch
eine größere, industriell gefertigte Teichwanne) wird geschaffen und wie
beschrieben aufgefüllt – jedoch so, daß nun ringsum ein mindestens 15 cm
breiter Wasserstreifen verläuft. Da die Weg- und Egelschnecken zur Ord-
nung der Lungenschnecken gehören, meiden sie das Wasser wie der Teufel
den Weihrauch. Auf dieser Insel (im wahrsten Sinne des Wortes) können
sich nun die feuchtigkeitsliebenden Knollen- und Rübenorchideen unge-
stört entfalten und höchstwahrscheinlich auch vermehren – hoffentlich –,
denn selbst wenn die Schnecken aus irgendeinem Grund ins Wasser fallen,
liegen sie nicht gleich in den letzten Zügen, sondern schaffen es zumeist
noch, dem nassen Element zu entkommen und dann ist die Frage, nach
welcher Seite sie sich wenden.

Und noch einen Hinweis gibt Gruß, der nicht unerwähnt bleiben soll.
Wer in seinem Garten bereits einen kleinen Teich oder Weiher hat, aber
keinen Platz für einen zweiten, kann das Problem mit einer ‹schwimmen-
den› Insel lösen. Auf eine mindestens 5 cm dicke Styroporplatte oder einen
größeren, flachen Styroporbehälter (oft als Verpackungsmaterial anfallend –

evtl. durch aushöhlen noch erweitern) wird das Pflanzsubstrat gleichmäßig verteilt. Gleichmäßig deshalb, damit die Insel nicht seitlastig wird und umkippt. Allerdings ist das Substrat mit Feuchtigkeit zu versorgen – entweder durch Gewichtsbelastung (Styroporoberkante unterhalb des Wasserspiegels) oder durch Löcher, die in das Styropor gestoßen werden (vorzugsweise unten in die Seitenwände, um das Absinken des Erdreichs zu verzögern).

Als Pflanzsubstrat (mindestens 15 cm Stärke) über der Eimeroberkante, aber 10 cm über der Wasseroberfläche könnten verschiedene Materialien (jeweiligen pH-Wert messen) verwendet werden:

— Erde von Maulwurfshügeln
— Schlamm, der bei der Reinigung eines unbelasteten Teiches oder Baches anfällt
— Bodenaushub von Bauvorhaben aus einer Tiefe von etwa 10 bis 30 cm[1]
— Torf (möglichst abgelagert[2]), Lavakies, feiner Flußkies u. ä.
— Vermiculit (reagiert basisch) o. ä. als zusätzlichen Feuchtigkeitsspeicher.

Für die Pflanzschicht (bis 1 cm über der Knolle) mischt man 2 Teile humosen Boden/Schlamm mit 1 Teil Torf, o. ä. Nach dem Setzen des Inhalts müßte man noch einmal auffüllen, und zwar bis zu 2 cm unterhalb des endgültigen Niveaus. Die etwa 2 cm messende, obere Schicht sollte sehr locker sein und nach einem Regen nicht verschlämmen. Diese Voraussetzungen erfüllt z. B. eine Mischung aus 3 Teilen Torf, 1 Teil Boden und 1 Teil feinen Kies (kein Sand) – der pH-Wert müßte bei 5,5 bis 6,5 liegen. Für kalkholde Bepflanzung müßten statt Erde und Kies, 1 bis 2 Teile Kalksteinchen mit etwas Vermikulit genommen werden.

Der Magerrasen

Auf einem Magerrasen blüht *Orchis ustulata*

Magerrasen sind Grünflächen mit einem sehr geringen Stickstoffgehalt des Bodens. Sie werden in der Regel extensiv genutzt. Durch die Intensivierung der Landwirtschaft, der damit verbundenen Bodenbearbeitung und Düngung sowie die Aussaat von hohen Süßgräsern sind solche Flächen selten geworden. Die »vergessenen« Areale fallen auf, weil sich eine reichhaltige Flora entwickeln konnte. Dieser Vegetationstyp unterscheidet sich von den Halbtrockenrasen nur durch ein größeres Wasserbindungsvermögen des Bodens, der in der Regel auch etwas tiefgründiger ist.

Zeigerpflanzen zu nennen erübrigt sich eigentlich, da sie in einer Vielzahl vorhanden sind. Um nur ein paar bekannte Pflanzen anzuführen, sei die Wiesen-Margerite *(Chrysanthemum leucanthemum)*, verschiedene

---

[1] Tiefere Bodenschichten sind relativ tot, weil das nützliche Wirken der Bodenorganismen (Edaphon) fehlt.
[2] Abgelagert heißt, daß der Torf in einer Wanne o. ä. mehrere Wochen oder Monate der Witterung ausgesetzt gewesen sein muß

Hahnenfuß-Arten *(Ranunculus sp.)*, die Akelei *(Aquilegia vulgaris)* und der Knöllchen-Steinbrech *(Saxifraga granulata)* genannt.

Die Nachbildung dieses Vegetationstyps, der in der Natur so selbstverständlich ist, wird durch die zumeist hohen Stickstoffwerte der Gartenböden erschwert. Die vorgesehene Fläche müßte mindestens spatentief umgegraben werden und aufkeimende, nicht erwünschte Kräuter wären möglichst bald zu jäten. Günstiger erscheint eine Mischung von 1 oder 2 Teil(en) Aushuberde bis zu einer Tiefe von 30 cm von einem Haus- oder Straßenneubau (falls man sie bekommen kann) mit 1 Teil des etwa 15 cm tief ausgehobenen Gartenbodens, die auf einen angenäherten pH-Wert mit Kalksteinchen (basisch) oder Torf (leicht sauer) eingestellt werden müßte. Dabei wird es nötig sein, auch das von dem Anzuchtbetrieb verwendete Substrat auf den pH-Wert und die Verwendbarkeit der Bodenmischung (mineralische Bodenanteile) zu prüfen.

Der Magerrasen braucht, anders als die beiden folgenden Vegetationstypen, nicht unbedingt eine Drainage, doch ist sie bei einem ohnehin feuchten Gartenteil angebracht. Damit sich der Boden nicht verfestigt und steinhart wird, könnte in der oberen Schicht eine Beimengung von 1 Teil Perlite, Bimsstein oder Lavakies auf 4 oder 5 Teile Boden nützlich sein. Lavakies hat den Vorteil, daß in ihm viele Mineralien enthalten sind, die mit Eruptionen an die Erdoberfläche kamen und er bleibt locker und porös. Auch hier bleibt man vorerst etwa 2 cm unterhalb des endgültigen Niveaus.

Der Halbtrockenbereich

Unter diesen Begriff fallen Flächen, die oft als Ödland bezeichnet werden. Es sind zumeist grasige Hänge mit niederem Krautbewuchs und auch mit einigen Sträuchern, wie Schlehen (*Prunus spinosa*), Weißdorn (*Crataegus*-Arten), Wacholder *(Juniperus communis)*, wildwachsenden Rosen *(Rosa*-Arten) und anderem Gebüsch oder auch aufkommenden Bäumen, zumeist mit Kiefern bewachsen. In der Regel sind es flachgründige Böden über kalkhaltigem oder kalkfreiem Ausgangsstein. Sie befinden sich heute häufig in einem Zwischenstadium der Entwicklung zur Klimax (möglicher Vegetationsendzustand). Oftmals sind es aufgelassene Weinberge, ungepflegte Streuobstwiesen auf Hängen oder frühere Hutungen (Flächen für die geführte Schafbeweidung).

Charakteristisch ist u. a. das Vorkommen von Küchenschelle *(Pulsatilla vulgaris)*, schopfiger Kreuzblume *(Polygala comosa)*, Feldenzian *(Gentianella campestris)*, Zittergras *(Briza media)* und vielen anderen blühenden Kräutern. Gerade die Halbtrockenrasen bieten vielen Orchideenarten günstige Lebensbedingungen, sofern diese Vegetationsform auf dem Sukzessionszwischenstadium gehalten wird.

Aufgrund dieser natürlichen Gegebenheiten sollte der Gartenbereich zumindest morgens teilweise im Schatten liegen (Verzögerung der Tauverdunstung) und eine leichte Hangneigung aufweisen, damit nach einem Gewitter das Regenwasser abfließen kann.

In etwa 18 bis 20 cm Tiefe sollte eine etwa 5 cm dicke Drainageschicht aus Kalk- oder Silikatsteinen (verwittertes Gestein vom Fuße eines Steinbruchs, einer Böschung o. ä.) eingebracht werden, die mit etwas feineren

Mineralien abgedeckt wird, ggf. auch etwas Gartenerde. Darauf wird dann ein Gemisch (etwa 10 cm stark) von durchgesiebtem Material und etwas Lavakies bis zur vorgesehenen Höhe verteilt. Das Einsacken des Bodens ist einzukalkulieren und wird später beim Einpflanzen bis zum endgültigen Niveau ausgeglichen.

Bei der relativ offenen Fläche im Garten wäre ein Aufstellen von ansehnlich geformten großen Steinen nach Norden und Osten zu empfehlen, die auch später die Pflanzfläche zum Teil um etwa 10 cm bis 20 cm überragen. Sie dienen zum einen als Windabweiser und zum anderen als eventuelle Auflage für die Fichtenzweige, die im Winter einen begrenzten Frostschutz bieten. Auch niedrige, wintergrüne Gewächse (*Erica carnea* u. a.) können an den Nord- und Nordosthängen diesen Effekt unterstützen. Aber auch weniger empfindliche Pflanzen als die Orchideen fördern in diesem Bereich durch ihr Blühen vom Frühjahr bis zum Herbst ein vielfältiges Insektennahrungsangebot.

Wenn *Cypripedium calceolus* über und um sich einen Freiraum hat, tendiert er zur Horstbildung

Der Schattenbereich

In der Natur besteht diese Vegetationsform zumeist aus Wäldern mit einer schütteren Krautschicht am Waldboden. Besonders reichhaltige Orchideenvorkommen können in lichten Buchen-, Kiefern- und Buchenmischwäldern auf kalkhaltigem Untergrund mit Kalkverwitterungsböden und einer lockeren Humusdecke angetroffen werden. Oft besteht eine akute Verbuschungsgefahr durch verschiedene Sträucher und Beerengewächse.

Auffällige Zeigerpflanzen sind u. a. der Seidelbast *(Daphne mezereum)*, Türkenbund *(Lilium martagon)* und das mittlerweile recht selten gewordene Große oder Wald-Windröschen *(Anemone silvestris)*.

Ein nachempfundener Waldbodenbereich sollte zumindest von 10 bis 17 Uhr durch entsprechend gepflanzte Bäume und Gebüsche (siehe S. 49) beschattet sein. So wird die Bodenerhitzung durch direkte Sonnenstrahlung weitgehend vermieden und die Feuchtigkeit nur durch die sich erwärmende Luft aufgenommen.

Auch in diesem Teil der Orchideenanlage sollte in 18 bis 20 cm Tiefe eine etwa 5 cm starke Drainageschicht als Unterlage dienen. Darauf müßte eine 10 cm dicke Lage aus durchgesiebtem Material (Kalk- oder Silikatsteinchen), Aushubboden und etwas Lavakies eingebracht werden. Als Pflanzschicht sollte man sich Walderde (ohne Humus) beschaffen, die jedoch möglichst pasteurisiert zu verwenden ist, um Krankheitsorganismen nicht einzuschleppen. Ist Mineralboden aus dem Wald nicht zu beschaffen, kann man notfalls auch Löß, sandigen Lehm oder Erde von Maulwurfshaufen verwenden, der kleine Kalk- bzw. Silikatsteinchen (Ablagerungen vom Grunde eines Steinbruchs) reichlich beigefügt werden. Die Angleichung dauert dann allerdings etwas länger.

Schneckenabwehrmöglichkeiten

Schnecken sind mit ziemlicher Sicherheit die größten Feinde der Orchideen. Von Ramin vermutet sogar, daß sich Orchideen in der Natur nur an solchen Plätzen entwickeln und blühen können, wo kaum Nacktschnecken vorkommen. Bereits das erste zarte Grün der Jungpflanzen wird von »dieser Plage« besonders gern gefressen. Durch die fehlende, notwendige Assimilation und dem daraus entstehenden Unvermögen, eine erste kräftige Knolle zu bilden, haben die »Orchideen-Babys« keine Überlebenschance. Also gilt es, eine nächtliche Schneckenmahlzeit in der Orchideenanlage zu unterbinden.

Der Schneckenzaun ist ein gewinkeltes, beliebig langes Blech, mit einem langen und einem kurzen Schenkel. Der lange Schenkel wird soweit in den Boden gesteckt, daß mindestens 12 cm die Oberfläche überragen, der etwa 3 cm kurze Schenkel zeigt nach außen. Das sieht zwar nicht sonderlich schön aus, ist aber eine Alternative. Durch die Abwinkelung sind nur gerade Streckenabschnitte möglich. Wer das Glück hat, keine Nachtschnecken im Garten zu haben, weil sie von Kröten, Spitzmäusen, Igeln u. a. gefressen werden, kann natürlich darauf verzichten.

Tagsüber sieht man allerdings nur einige Nachzügler, denn zu dieser Zeit verkriechen sich die Schnecken zumeist in bzw. unter Polsterstauden oder Steinen. Wer ein morsches Holzbrett an einer feuchten Stelle im Garten ablegt, kann sie am Tage darunter absammeln. Ihre Vernichtung ist allerdings eine eklige Angelegenheit und, da sie wildlebende Tiere sind (BNatSchG §20a), nur aus »vernünftigem Grund« gestattet.

Die Orchideenanlage

Nachdem nun bekannt ist, was alles auf einen zukommt bzw. zukommen kann, sollte man sich gründlich überlegen, für welchen Vegetationstyp man sich entscheidet und wo dieser entsprechende Bedingungen oder der besondere Gartenteil seinen Platz finden kann und welche Ausmaße zur Verfügung stehen. Wenn an der Süd- oder Südostgrenze des Anrainergrundstücks (Garten) eine Hecke steht, steht die Entscheidung schon zu 75 % fest, denn dieser Bewuchs hält im Winter die kalten Winde ein wenig ab. Dann bleibt man einen Meter von der Grenze entfernt, um alle Pflänzchen später genau betrachten und evtl. fotografieren zu können. Kommt für das Areal die gegenüberliegende, südliche Seite des Grundstücks in Frage, wird zu einem Abstand von fünf Metern geraten – auch im eigenen Interesse, denn es sind für das Orchideenbiotop süd- bzw. südöstlich davon ein oder zwei schattenspendende Bäume zu pflanzen, die mit ihren Zweigen nicht in das Nachbargrundstück hineinragen dürfen.

Nun ist zu entscheiden, welcher Typus angestrebt wird. Da diese Wahl nicht immer leicht zu treffen ist, sollen drei verschiedenen Möglichkeiten eingehender erörtert werden.

Der Perfektionist oder jemand, der die Annehmlichkeiten einer durchdachten Planung kennt, wird mit Bandmaß oder Zollstock die Fläche ausmessen und die Bezugspunkte mit einem Pflock o.ä. markieren.

Anschließend sollte man sich eine kleine Skizze von der abgesteckten Fläche machen und darauf einen Vegetationstyp und die umgebende Zone darstellen.

Und dann ist es soweit – ein gutes Stück Arbeit muß jetzt bewältigt werden. Nachdem die Lage des Areals festliegt, werden die umgebenden Bäume und Gebüsche gepflanzt, vor allem die im Osten, Südosten, Süden und/oder Südwesten. In einem Garten, der wirtschaftlich genutzt wird, könnten Süß-, Weichsel- oder Sauerkirschen[1] als Schattenspender willkommen sein. Die Blätter dieser Baumarten sind als Fallaub besser als andere Obstarten für die Winterbedeckung geeignet, da die in ihnen verbleibenden Mineralstoffe (insbesondere die Kalkanteile) positiv wirken. Ähnliches gilt bei größeren Gärten für Buchen- und Ahornbiomasse. Die beste Ahornart ist *Acer saccharinum* (Zuckerahorn), da der süßliche Blutungsaft die Keimung der Orchideen unterstützt. Blühende Sträucher fördern eine vielfältige Insektenfauna; man sollte also auch für sie ein Plätzchen vorsehen. Dieses Miteinander wirkt sich nicht nur ökologisch günstig aus, sondern kann zu einem vermehrten Samenansatz der Orchideen führen. Doch auch wintergrünes Gebüsch ist zu empfehlen, als Windschutz zu

Vorsichtig lugt der Blütenstand von *Orchis purpurea* heraus

---

[1] Allerdings wird Steinobst gern von Blattläusen befallen, deren Saft beim Abtropfen bereits pilzbefallen ist (erzeugt Schwarzfärbung der Blätter) – Gegenmaßnahmen sind baldmöglichst einzuleiten.

allen Jahreszeiten, als Vogelfluchtgehölz im Winter und als Morgensonnen-schutz im Sommer. Hierfür eignet sich hervorragend unsere alteingesessene Eibe *(Taxus baccata),* die zudem unter Naturschutz steht und deshalb bevorzugt werden sollte. Geschützt sind gleichfalls die beiden *Rhododen-dron*-Arten (*Rh. hirsutum* auf Kalk und *Rh. ferrugineum* – kalkfliehend), die auch innerhalb einer größeren Anlage Verwendung finden können. In Feuchtzonen kann die Rosmarinheide *(Andromeda polifolia)* als Wind-schutz dienen, doch sollte sie in ein Rohr oder in einen, am Boden durchlö-cherten Eimer gepflanzt werden, da sie unterirdische Ausläufer bilden kann, deren Ausbreitung es zu verhindern gilt. Auf trockenerem Untergrund käme evtl. Lavendel *(Lavandula angustifolia)* oder Speik *(Lavandula latifolia)* dafür in Frage, doch die erdnahe Ausbreitung erfordert einen ständigen Schnitt. Die Blüten und Blätter können zur Bodenabdeckung verwendet werden, da ihre Phytonzide einige schädliche Organismen fernhalten.

Nunmehr ist es an der Zeit, die Orchideenflächen vorzubereiten. Der Boden der vorgesehenen Kleinareale wird möglichst etwa 15 cm tief ausge-hoben und im übrigen Garten an aufnahmefähigen Stellen verteilt oder abgefahren (letzteres kann unter Umständen problematisch werden). Vor allem bei der Einrichtung des Feuchtbereichs fallen größere Mengen Aus-hub an. Wie bereits erwähnt, sollte eine Restmenge zur späteren Verwen-dung – auch für die Beimengung zu den Substraten – vorrätig gehalten werden. Das Auffüllen mit den pflanzenspezifischen Erdmischungen, die bei den Vegetationstypen näher erläutert wurden, kann nun erfolgen. Damit der Boden sich setzen kann, sollte mit einer Bepflanzung mindestens 3 Monate gewartet werden. In dem frisch eingebrachten Erdreich sind noch zu viele und zu große Hohlräume, in denen Schnecken, Schnurfüßer (eine Art Tausendfüßer) und Erdläufer Unterschlupf finden und nur darauf war-ten, daß ein Ungeduldiger ihnen die Nahrung frei Haus liefert. Dann bleibt nichts mehr zu tun, außer den Samen der Begleitpflanzen (insbesondere der einjährigen) auszustreuen.

Die Infloreszenz von *Ophrys fuciflora* hat Besuch bekommen von einem Schornsteinfeger (*Aphantopus hyperantus*)

Typen der Orchideenanlage

Es muß darauf hingewiesen werden, daß in der Natur die klimatischen Verhältnisse durch die großflächigere Ausdehnung anders sind als im Gar-ten und deshalb hier besonders beachtet werden müssen. Das gilt vor allem für die Intensität der Sonneneinstrahlung, den Windschutz und speziell für die Boden- und Luftfeuchtigkeit.

Allen drei Variatonen ist die Zusammensetzung der verschiedenen Erd-mischungen und der Aufbau der Erdschichten gemeinsam, die für die vier Vegetationstypen gelten. Abweichungen von den vorgeschlagenen Substra-ten sind möglich. Der pH-Wert[2] sollte allerdings immer innerhalb der Tole-ranzen (siehe Liste auf Seiten 38 und 39), möglichst im Bereich des Mittel-wertes liegen.

---

[2] pH = potentia Hydrogenii. Der Wert wird entweder mit einem entsprechenden Gerät direkt im Boden gemessen oder in einer mehrtägigen Lösung (Boden – destill. Wasser im Verhältnis 1:1) mit Indikatorstäbchen (mit steigenden Zahlenwerten zunehmender Unsicherheitsfaktor, ebenso bei Werten unter 5).

Es gibt im wesentlichen drei Möglichkeiten, eine Orchideenanlage zu verwirklichen, die jedoch auch noch leicht variiert werden können. Es sind dies:

– die Beetanlage
– die naturnahe, geschlossene Anlage und
– die offene Gartenpflanzung.

Die beiden ersten Orchideenareale gliedern sich in drei oder vier Vegetationsbereiche. Die äußeren und die terrestrischen Bedingungen für die einzelnen Vegetationstypen gelten aber für alle drei Anlageformen. Durch die jeweilige Örtlichkeit können Abweichungen notwendig sein, ein stets gültiges Rezept anzugeben, ist nicht möglich. Schließlich ist eine solche Orchideenanlage ein Teil der launischen Natur, die sich nicht in starre Regeln fassen läßt. Der Autor möchte deshalb die folgenden Ausführungen ausdrücklich nur als Basis mit fundierten Anregungen verstanden wissen.

Vorschlag für eine naturnahe, geschlossene Anlage mit 4 Vegetationstypen und Schneckenzaun

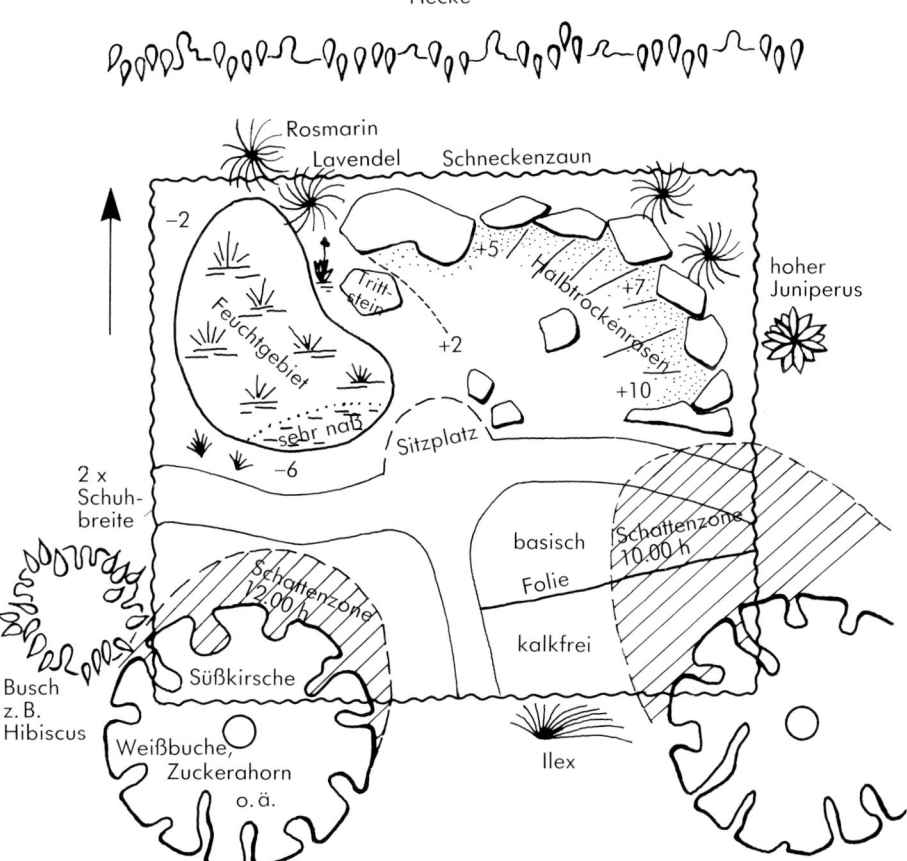

Die Beetanlage

Sie eignet sich vor allem für diejenigen, die experimentieren wollen: sei es, daß sie die vegetative Vermehrung fördern oder andere, ähnliche Möglichkeiten zu erproben gedenken.

Die Beete werden wie gewöhnliche Gartenbeete angelegt. Bei einer Breite von etwa 1 m kann man das Beet – wenn nötig – von beiden Seiten bearbeiten; die Länge richtet sich nach dem vorhandenen Platz. Die Beete sollten dann, wie in einer Gärtnerei, abschnittsweise nur eine Orchideenart beherbergen. Zwischen den Beetflächen dient ein etwa 35 cm breiter Pfad der Abgrenzung der einzelnen Vegetationstypen und macht die einzelnen Beete zugänglich.

Die naturnahe, geschlossene Anlage

Dieser Typ ist als ein Refugium gedacht, das auf einer begrenzten Fläche eine Besonderheit im Garten präsentiert.

Es kommt hier wirklich nicht darauf an, daß die Winkel genau 90° betragen, aber es ist nun einmal so, daß ein Flächenquadrat gut zu bearbeiten ist. Der Autor wird ein annäherndes Quadrat für die folgenden Ausführungen verwenden. Wer den erwähnten Schneckenzaun einsetzen möchte, ist ohnehin an streckenweise gerade Abschnitte gebunden. Dabei ist zu bedenken, daß man bei einer Seitenlänge von 1,50 Meter später zwar das Mini-Areal von außen bearbeiten kann, aber sehr beschränkt in der Gestaltung ist. Dem vorgeschlagenen Plan (siehe S. 51) liegen die Maße 3,50 m × 4,00 m zugrunde. Diese Größe (oder mehr) erfordert natürlich einen oder mehrere Pfade durch die Anlage. Dafür läßt sich aber Platz für einen Hocker o. ä. schaffen. Schließlich soll die Anlage später auch der erbaulichen Betrachtung dienen. Welche frohen Erwartungen werden geweckt, wenn der Blütenstand sich vorsichtig aus der Tüte schiebt! Besonders schön sind die noch schwarzroten Köpfe bei *Orchis ustulata* und *Orchis purpurea* anzusehen, die sich bedächtig dem Licht entgegenstrecken.

Viele Orchideenarten auf einem engen Raum unterzubringen, unter Umständen sogar bunt durcheinander, erfordert einiges Interesse an den Pflanzen der Orchideenfamilie und deren Pflege. Diese Anlage bietet aber zugleich die Möglichkeit, durch Mehrfachpflanzung (nach dem Kauf mehrerer Individuen oder nach vegetativer bzw. generativer Vermehrung) für die spezielle Art den günstigsten Standort in der Anlage zu finden.

Wenn dann außerdem an orchideenfreien Stellen verträgliche Begleitpflanzen auch zu anderen Zeiten blühen, wird das kleine Areal für einen Orchideenfreund zum Juwel. Seien Sie trotzdem nachsichtig, wenn Ihr Besuch, der besonders Rosen, Iris, großblütige Lilien und andere auffallende Blumen liebt, das nicht so empfindet.

Die offene Gartenpflanzung

Es gehört schon ein wenig Wissen und ein glückliches Händchen dazu, den Eindruck zu erwecken, als wäre der Garten oder ein Teil davon ein natürliches Orchideenbiotop. Es müssen, den Vegetationsbedingungen entspre-

oben links:

Epipactis palustris – Vorkommen auf neutralen bis kalkigen, ganzjährig oder zeitweilig gut durchfeuchteten Böden, in Quellfluren und Flachmooren (problemlos bei zusagenden Bedingungen)

oben rechts:

Epipactis atrorubens – Vorkommen in lichten Wäldern (bevorzugt Kiefern), auf halbsonnigen Hängen; im Schattenbereich von Gebüsch auf kalkholden bis kalkigen, sandigen oder steinigen Böden

unten links:

Gymnadenia conopsea – Vorkommen auf Feuchtwiesen, Mager- und buschigen Halbtrockenrasen, in lichten Wäldern und an Waldrändern

unten rechts:

Himantoglossum hircinum – Vorkommen auf sonnigen, magerrasigen Berghängen mit Gebüsch auf basischen Böden, nicht an Kalk gebunden (Möller)

chend, einige Erdbewegungen vorgenommen werden. Wenn dann aber alles blüht und wächst, wird einem Orchideenfreund das Herz aufgehen.

Doch vor den Erfolg ist ein gerüttelt Maß an Umsicht und Vorsorge gesetzt. Während bei den beiden erstgenannten Biotopen ein Schnecken-zaun freßlustige Molluskeln, insbesondere Weg- und Egelschnecken abwehren kann, bereitet dies bei der offenen Gartenpflanzung einige Schwierigkeiten. Einen fast perfekten Schutz bieten 10 mm hohe Kupfer-ringe (Ø 5 cm).

Wer also den Kampf mit den Schnecken und anderem Ungeziefer aufneh-men will, zudem viel Einfühlungsvermögen und Fantasie hat, kann sich an die Gestaltung einer offenen Gartenpflanzung heranwagen. Selbstverständ-lich muß er die Standortbedingungen der Orchideen berücksichtigen. Die schattenliebenden Arten müssen – zumindest weitgehend – im Schatten stehen (vor allem *Cypripedium calceolus*) und die kalkholden oder gar kalkfordernden auf basischen Flächen ausgepflanzt werden. Anfangs, d. h. bis die gewünschten Erfahrungen mit der Wüchsigkeit der Orchideen, aber auch mit den konkurrierenden Begleitpflanzen gesammelt wurden, sollte man die Pflanzstellen wie kleine Beetanlagen gestalten und pflegen. Diese Beetinseln können in den unterschiedlichsten Formen angelegt werden, doch sollte eine Zugänglichkeit von der Seite das Entfernen von uner-wünschten Kräutern ermöglichen.

In der Regel wird es eine Rasenfläche sein, in die man die Pflanzinseln plaziert. Sehr kostenaufwendig und daher unwahrscheinlich wäre ein Abtrag des gesamten Arealbodens mit einer anschließenden Kalk- oder Felssteinchen-Auffüllung. Allerdings sollte man die gesamte vorgesehene Fläche auf jeden Fall umgraben und von jeglichem Bewuchs befreien, ehe man ein niedriges, einen lockeren Rasen bildendes Gras (z. B. *Agrostis stolonifera* o. ä. – Samenstände möglichst frühzeitig abreißen) einsät oder pflanzt. Von der Ansalbung standorttypischer Gewächse ist abzuraten, denn durch den (wahrscheinlich) hohen Stickstoffgehalt des Gartenbodens explodieren sie förmlich in ihrem Wachstum (Wurzel- und Horstbildung), so daß noch nicht einmal der Rasenmäher ihnen etwas anhaben kann. Pflanzen, die oberirdische Ausläufer bilden (z. B. *Ajuga reptans, Cotula dioica*, kriechende *Trifolium*-Spezies u. ä.) sind zu bevorzugen. Wird ein Trampelpfad angelegt, lassen sich bereits einige der in der Liste der Begleit-pflanzen genannten, nicht geschützten Pflanzen einsetzen. Dieser schmale Weg wird im Laufe der Zeit mit ziemlicher Sicherheit zuwachsen.

Sollten Gras und andere Gewächse sich vital entwickeln, muß mehrmals (mindestens zweimal im Jahr) gemäht und die Biomasse abgekehrt und entfernt werden. Ausläuferbildende Arten sollte man ausdünnen. Diese Maßnahmen dienen der Stickstoffabschöpfung im Boden. Dann ist es rat-sam, mit der Orchideenpflanzung auf solchen Flächen mindestens zwei Jahre zu warten, bis eine einjährige Mahd pro Jahr ausreicht – deshalb der Rat, Orchideeninseln zu schaffen, die sehr bald bepflanzt werden können.

Da für die offene Gartenpflanzung ein größeres Gelände zur Verfügung steht, läßt sich darin am ehesten das von Gruß beschriebene Weihergebilde mit Insel verwirklichen (siehe S. 43).

Auch die Biotopinseln können etwas großzügiger gestaltet werden. Jedoch sind die Lichtverhältnisse und die Bodenfeuchtigkeit im Hinblick auf unterschiedliche Standortansprüche zu beachten. Daher auch der Rat-schlag, vorher die Büsche und Bäume zu pflanzen. Erst dann sollte man an die Verwirklichung der Biotopinseln gehen. Zur Auflockerung der offenen

Orchis militaris ist streng an kalkigen Untergrund gebunden und kommt dort relativ häufig vor

Orchideenanlage ließen sich auch einige größere Felsstücke aufstellen, an deren Südwestseite das jeweilige Orchideenareal sich ausbreitet. Die Düngung der umgebenden Fläche ist auf alle Fälle zu vermeiden, bis die geringere Wuchsfreudigkeit der Begleitpflanzen anzeigt, daß der Stickstoffanteil im Boden weitgehend abgebaut ist.

Dagegen können – und das gilt für alle Anlagetypen – die Orchideen selbst zu Beginn ihrer Vegetationsphase eine leichte Düngung mit sehr geringem Stickstoffanteil (Dünger stark verdünnt) vertragen, allerdings keinesfalls im Jahr der Pflanzung. Schließlich muß gerade im ersten Jahr beobachtet werden, wie die Orchideen auf den neuen Standort reagieren. Besonders geeignet ist Patentkali (1 Teelöffel auf eine 10-l-Kanne), dem wenige Gramm Ammoniumsulfat (1/3 Teelöffel auf eine 10-l-Kanne)[3] beigegeben wurde. Der basische Halbtrockenbereich sollte zusätzlich mit 1/2 Eßlöffel Mangansulfat und Düngekalk auf eine 10-l-Kanne versorgt werden, um die Widerstandsfähigkeit der winterüberdauernden Blätter (von *Ophrys*- und einigen *Orchis*-Arten) zu unterstützen. Die Düngung ist nur einmal im Jahr nach dem Austrieb der Blätter vorzunehmen. Beim Ausbringen des Düngers ist darauf zu achten, daß die Blätter der Orchideen nicht benetzt werden. Bei der vorgeschlagenen Hangneigung des Halbtrockenbereiches ist das besonders einfach zu bewerkstelligen, weil beim vorsichtigen, langsamen Gießen an bestimmten orchideenfreien Stellen sich die Düngerflüssigkeit beim Abfließen verteilen und einziehen kann.

Einpflanzen der Orchideen

Für das Einpflanzen der Orchideen kommen zwei besonders erfolgversprechende Vegetationsphasen in Frage, die auch Reinecke befürwortet:

– die Zeit nach der Blattentfaltung und
– die Zeit nach dem Einziehen des oberirdischen Pflanzenteils.

Das Entfalten der Blätter bedeutet für die Pflanze eine Zeit erhöhter Aktivität. Es gilt also, diese Energiephase auszunutzen. Die erworbenen Orchideen sind vorsichtig aus ihrem Behälter zu lösen, der Pflanzstoff ist abzuschütteln, falls sie nicht in artgerechtem Boden zugesandt wurden und mit mineralischem bzw. bindigem Boden zu mischen. Ein entsprechend tiefes Pflanzloch, in dem auch die Wurzeln Platz haben, wird ausgehoben, der Grubenboden und die Wandungen, zum Schutz vor Wühlmäusen, mit aussortierten Steinen ausgekleidet. Wenn auch die Orchideenknollen nicht auf dem Speiseplan der Maulwürfe stehen, können sie doch unterwühlt werden und so in tiefere Bodenschichten fallen. Sollte man einen solchen

oben links:

Ophrys apifera – Vorkommen auf Halbtrocken- und Magerrasenhängen (meist buschbestanden), in lichten Kiefernwäldern auf basischen Böden

oben rechts:

Ophrys fuciflora – Vorkommen auf gebüschbestandenen, sonnigen Trockenhängen, in Magerrasen und lichten Kiefernwäldern auf kalkhaltigen Böden und zeigt in der Nahaufnahme ihre ganze Schönheit

unten links:

Ophrys fuciflora (mit weißen Sepalen) – Vorkommen zusammen mit *O. fuciflora* (mit roten Sepalen)

unten rechts:

Ophrys insectifera – Vorkommen in gebüschbestandenen Halbtrocken- bzw. Magerrasen, in lichten Laub- und Kiefernwäldern auf kalkhaltigen Böden

---

[3] Nach neuesten Erkenntnissen der Forschung (Uni Freiburg, Uni Göttingen und Uni Kiel) ist weniger das Kohlendioxyd am Waldsterben und der Umweltbelastung schuld, sondern ein übermäßiger Anteil von gasförmigen Ammoniumverbindungen (Salmiak- und Stickstoffverbindungen) der Luft.

Vorfall beobachten, ist baldigst eine neue Pflanztiefenregulierung vorzunehmen. Denn sonst reicht entweder der Stärkevorrat für den Austrieb und die Blattentfaltung nicht aus oder die Pflanzen können an der Triebhalsfäule zugrunde gehen. Auch deshalb sollten die Knollen/Rüben lieber etwas höher eingebracht werden als zu tief, denn die Neuknollen bilden sich ohnehin in der artgemäßen bzw. witterungsbedingten Tiefe. Es läßt sich beobachten, daß bei einem trockenen Frühsommer die neuen Speicherorgane etwas tiefer liegen, als es normalerweise üblich ist. Doch diese tiefer angesiedelte Knolle/Rübe kann unter Umständen im nächsten Frühjahr Probleme bereiten.

An den Blättern festgehalten, werden nun die Pflanzen vorsichtig eingesetzt. Die Unterkante der Knolle sollte nicht tiefer als 3 cm unter dem vorläufigen Niveau und später 6 cm unter der endgültigen Oberfläche liegen. Mit der anderen Hand wird sodann die vorbereitete Mischung vorsichtig eingefüllt. Eine zwischenzeitliche Wassergabe bewirkt eine Verdichtung des Substrates (Höhenregulierung beibehalten!), und zugleich wird ein enger Kontakt von Wurzel und Boden erreicht. Nun kann bis zur vorläufigen Bodenebene aufgefüllt werden. Die Oberkante des Speicherorgans muß völlig von dem Bodensubstrat bedeckt sein. Nach einem weiteren Wasserguß kann die Pflanzstelle auch noch leicht angedrückt werden. Keinesfalls darf man die Pflanze an dem Triebhals oder an den Wurzeln anfassen.

Wird die erworbene Orchidee in einem artgerechten Boden geliefert, wird weitgehend so verfahren, wie eben beschrieben, nur, daß die Bodenoberfläche aus dem Behälter das vorläufige Niveau um 2 cm überragt. Allerdings empfiehlt es sich, die Außenränder mit einem angespitzten Hölzchen vorsichtig aufzurauhen und vor dem Einsetzen das gesamte Pflanzloch erst mit Wasser und nach dem Einsetzen mit gleichartigem, zerbröselten Boden aufzufüllen. Der Vorteil des Pflanzens zu diesem Zeitpunkt ist, daß die Orchidee die neue Knolle/Rübe in der artgemäßen Tiefe anlegen wird.

Diese Pflanzmethode gilt nicht für die *Spiranthes*-Arten, denn sie besitzen keinen Triebhals, sondern die Rüben ruhen so hoch im Boden daß die Blattrosette unmittelbar über dem Speicherorgan ausgebreitet wird.

Platanthera-Arten und *Gymnadenia conopsea* bevorzugen für ihre gegenständigen (gegenüberliegenden) Blätter bzw. ihr Blattwerk die Ost-West-Richtung.

Nach oder während der Pflanzung kann die obere 2 cm dicke Schicht aufgefüllt werden: sie richtet sich weitgehend nach der darunterliegenden Pflanzschicht und wird mit feinkörnigem Granulat des gleichwertigen pH-Wertes durchmischt. Bei den schattenliebenden Waldorchideen wird mit den Händen feingeriebenes, pasteurisiertes Buchenlaub (das im Herbst bei Trockenheit gesammelt wurde) aufgestreut und mit einem zugespitzten Hölzchen leicht in die Bodenoberfläche eingearbeitet. Diese Aktion sollte jährlich wiederholt, jedoch quantitativ nicht übertrieben werden. Wenn nach der Pflanzaktion einige Bodenkrümel in der Rosette liegen, so sollte für das Entfernen ein trockener Halm verwendet werden. Auch im Frühjahr, wenn der Boden auftaut, sind oft trockene Pflanzenreste und Bodenkrumen in den überwinterten Rosetten zu finden – sie werden ebenfalls mit einem Halm herausgeholt, um einer Fäulnisbildung zuvorzukommen.

Die Einpflanzung des Speicherorgans nach Einziehen des oberirdischen Pflanzenteils geschieht ähnlich, wie oben beschrieben. Die Pflanzgrube wird ebenso angelegt und die Knolle/Rübe in gleicher Tiefe eingesetzt. Wichtig ist nur, daß weder der eventuell schon vorhandene Trieb, noch die möglichen, sproßbürtigen Wurzeln berührt werden. Während die Knolle/Rübe genügend Abwehrstoffe entwickelt hat, ist dies bei den anderen Pflanzenteilen weniger der Fall. Die der menschlichen Hand anhaftenden Bakterien bzw. Pilze könnten durch ihr Wirken die ganze Aktion gefährden. Es empfiehlt sich ohnehin, beim Pflanzen die Hände mit Erde kräftig abzureiben oder sie vorher mit desinfizierender Seife gründlich zu waschen. Bei dieser Methode sollte man das Speicherorgan lieber etwas zu hoch, als zu tief einsetzen, da sich beim anschließenden Einschlämmen der Boden noch etwas absenkt. Auch hier sollte man darauf achten, daß die Knolle/Rübe völlig von mineralischem Boden umschlossen ist.

Vor allem im Anfang sollte man die Pflanzstelle markieren. Entweder finden dafür die bekannten Plastiksticker Verwendung, auf denen jene Orchideenspezies vermerkt werden, die demnächst dort – hoffentlich – blühen oder ganz einfach Eislöffelchen. Es gibt sie in verschiedenen Farben und unterschiedlichen Ausfertigungen, die man dann einer Gattung zuordnen kann. Sie dienen auch beim Bestücken der orchideenfreien Flächen mit Begleitpflanzen, sofern nicht eine Abdeckung durch abgestorbenes organisches Material (trockene Blätter, zerkleinerter, pasteurisierter Rindenmulch, gerupftes Moos o. ä.) vorgezogen wird. Einige mögliche Begleitpflanzen sollen im folgenden beschrieben werden. Ein genaues Studium der Katalogangebote und ein fachliches Gespräch in einer Staudengärtnerei dürften sehr nützlich sein. Da diese Gärtnereien auch botanische Raritäten anbieten, die unter Naturschutz stehen, sind Bescheinigungen über die gesetzesgemäße Anzucht oder Vermehrung dieser Pflanzen zu verlangen.

Begleitpflanzen in der Orchideenanlage

Verschiedene Begleitpflanzen unterstützen die Bodendurchlüftung. Ob man es mag oder nicht: der günstigste Bewuchs der Kleinareale ist aber immer noch niedriges, locker wachsendes Gras. Bewährt hat sich auch *Linum cartharticum*. Leider muß die einjährige Pflanze ständig neu ausgesamt werden; außerdem keimt sie gern dort, wo sie nicht wachsen soll. Wiesen-Lein oder »Purgierlein«, wie *L. carthaticum* auch genannt wird, ist eine niedrige, locker wachsende Pflanze mit einem schwach ausgeprägten Wurzelwerk und kann deshalb bei übermäßiger Zunahme leicht ausgedünnt werden. Für feuchte und wechselfeuchte Stellen eignet sich *Saxifraga granulata*, zumal die Pflanze winterüberdauernde Blätter ausbildet und für eine Auflockerung der Oberfläche sorgt. Doch kann man auch andere, lockere polsterbildende Stauden verwenden. Allerdings sollten sich alle Bodenbedecker weder unterirdisch durch Ausläufer (*Convallaria majalis* – Maiglöckchen o. ä.) vermehren noch massige Wurzeln oder Knollen (*Potentilla erecta=tormentilla* – Blutwurz o. ä.) oder undurchdringliche, feuchte Polster (polsterbildende *Saxifragaceae* – Steinbrechgewächse u. ä.) bilden. Als zusätzlichen Schattenspender und

Hepatica nobilis, das Leberblümchen, stellt an den Standort ähnliche Ansprüche wie *Dactylorhiza fuchsii* (Kalk, lichter Schatten)

an orchideenfreien Stellen lassen sich zur Auflockerung verschiedene, hohe Farnkräuter einsetzen. Zu beachten ist, daß *Pteridium aquilinum (Adlerfarn), Matteuccia struthioptris (Straußenfarn), Gymnocarpium dryopteris* und *robertianum (Eichen- und Ruprechtsfarn), Thelypteris phegopteris* und *palustris (Buchen- und Sumpffarn)* unterirdische – zum Teil verhältnismäßig lange – Ausläufer bilden, die teilweise recht kräftig oder/und stark verzweigt sind. Vorzeitig schwarzbraun werdende Wedel zeigen Pilzbefall an und müssen vernichtet werden. Gewarnt sei bereits an dieser Stelle vor *Aruncus sylvestris (dioicus)* oder ähnlichen hohen Stauden, die sich im Laufe weniger Jahre im Pflanzenbereich kräftig ausbreiten.

Zusammenstellung geeigneter Begleitpflanzen nach Standorten

Die Begleitpflanzen dienen neben der Krümelung und der Belüftung des Bodens auch einem günstigen Mikroklima. Um das Edaphon zu fördern, kann man zunächst auch preiswerte Bodenbedecker ansiedeln, die bei einer späteren Bepflanzung mit Orchideen oder anderen, besonderen Pflanzen entfernt werden. Grundsätzlich besteht die Schwierigkeit, die am natürlichen Standort gegebenen, diffizilen Verhältnisse zu imitieren. Ein natürlicher Magerrasen ist leider im Garten kaum zu verwirklichen, obwohl er die günstigste Bodenbedeckung darstellt.

So ergibt sich die Notwendigkeit, zwar die Orchideenanlage weitgehend sich selbst zu überlassen, aber doch gelegentlich einfühlsame Pflegeaktionen durchzuführen. Das Gedeihen der Orchideen erfordert eine ständige Beobachtung, ein weitgehend chemiefreies Vernichten von Schädlingen und ein möglichst zurückhaltendes Eingreifen beim Begleitpflanzen- bzw. Unkrautzupfen. Der Empfehlung von Sadovsky, unliebsame Kräuter mit der Schere am Wurzelhals (also unterhalb des Vegetationspunktes) abzuschneiden, kann im allgemeinen zugestimmt werden. Rhizome oder Rüben als Wachstumsspeicher der Pflanzen sind ein besonderes Problem, da sie an der Bruch-/Schnittstelle neue Vegetationspunkte bilden und so zu einer Dauerbelastung führen. Ihre Verwendung sollte von vornherein vermieden werden.

Einige geeignete Begleitpflanzen, die bei zu starker Ausdehnung gestutzt oder entfernt werden können und in Spezialgärtnereien zu erwerben, sind im folgenden zusammen mit den wichtigsten Hinweisen (»G!« bedeutet: Pflanze nach Artenschutzverordnung geschützt; »!G!« bedeutet: Pflanze vom Aussterben bedroht, d. h. besonders geschützt; »#« bedeutet: Pflanze nicht oder nur schwach wuchernd; »×« bedeutet: Pflanze kann an zusagenden Standorten auch lästig werden) tabellarisch erfaßt.

Fritillaria meleagris	Schachbrettblume	!G!			Für den kalkhaltigen bis neutralen Feuchtigkeitsbereich
Gladiolus palustris	Sumpfgladiole	!G!	#		
Menyanthes trifoliata	Fieberklee	G!			
Pinguicula vulgaris	Fettkraut	G!	#		
Primula farinosa	Mehlprimel	G!	#		
Tofieldia calyculata	Simsenlilie		#		
Saxifraga aizoides	Fetthennen-Steinbrech	G!	×		
Saxifraga granulata	Knöllchen-Steinbrech	G!	#		

Für den kalkmeidenden bis neutralen Feuchtigkeitsbereich	*Blechnum spicant*	Rippenfarn		#
	Comarum palustre	Sumpfblutauge		#
	Drosera anglica	Langblättriger Sonnentau	G!	#
	Drosera rotundifolia	Rundblättriger Sonnentau	G!	#
	Gentiana pneumomanthe	Lungenenzian	G!	#
	Lychnis alpina	Lichtnelke		#
	Mimulus tilingii	Gelbblühende Gauklerblume		#
	Narthecium ossifragum	Beinbrech/Ährenlilie	G!	
	Potentilla palustris	Blutauge, Sumpffingerkraut		
Für den kalkhaltigen bis neutralen Magerrasenbereich	*Androsace sarmentosa*	Polster-Mannsschild	G!	
	Anemone sylvestris	Große Waldanemone	G!	#
	Corydalis lutea	Gelber Lerchensporn		×
	Cotula potentillina	Fiederpolster		
	Erinus alpinus	Leberbalsam		
	Linum cartharticum	Purgierlein		#
	Pratia penduculata	Himmelssternchen		#
	Primula hirsuta	Behaarte Schlüsselblume	G!	#
	Sedum acre	Mauerpfeffer		×
	Soldanella villosa	Pyrenäenglöckchen		#
	Symphyandra armena	Steinglöckchen		
Für den kalkmeidenden bis neutralen Magerrasenbereich	*Arnika montana*	Berg-Wohlverleih		#
	Mazus reptans	Lippenmäulchen		
	Mimulus primuloides	Gauklerblume		
	Trientalis europaea	Siebenstern		#
	Trillium grandiflorum	Dreiblatt		#
Für den kalkhaltigen bis neutralen Halbtrockenbereich	*Acaena micraphylla*	Stachelnüßchen		×
	Achillea serbica	Serbische Schafgarbe		
	Adonis chrysocyathus	Himalaja-Adonisröschen		#
	Androsacea hirtella	Hirten-Mannsschild	G!	
	Antennaria dioica	Katzenpfötchen		
	Bellium minutum	Zwergmaßliebchen		#
	Dryas x suedermannii	Silberwurz (Hybride)		
	Gentiana clusii	Stengelloser Enzian	G!	
	Globularia cordifolia	Herzblättrige Kugelblume	G!	
	Gypsophila repens	Kriechendes Schleierkraut		
	Linaria cymbalaria	Zimbel-Leinkraut		#
	Linum flavum x Goldzwerg (K&S)	Lein (Hybride)		
	Linum cartharticum	Purgierlein		#
	Papaver alpinum	Alpenmohn		#
	Phyteuma scheuchzeri	Teufelskralle		#
	Potentilla nitida	Glänzendes Fingerkraut		
	Silene schafta ‹Splendens›	Niederes Leinkraut		#
Für den kalkmeidenden bis neutralen Halbtrockenbereich	*Arenaria tetraquetra*	Sandkraut		
	Corydalis lutea	Gelber Lerchensporn		×
	Cotula potentilla	Fiederpolster		
	Bellium minutum	Zwergmaßliebchen		#
	Gentiana farreri	Herbstenzian		

Anemone sylvestris	Große Waldanemone	G!	#
Cyclamen pupurascens	Alpenveilchen	G!	#
Dicentra eximia	Herzblume		
Fragaria vesca	Walderdbeere		
Hepatica nobilis	Leberblümchen	G!	#
Sanguinaria canadensis	Blutauge		#
Trillium grandiflorum	Dreiblatt		#
Waldsteinia ternata	Waldsteinie		

Für den kalkhaltigen bis normalen Schatten-/Halbschattenbereich

Bei der Verwendung nicht einheitlicher Nomenklatur in den Gärtnerei-prospekten und bei den durch Züchtung entstandenen Pflanzen sollte man vor dem Einkauf überprüfen, ob die Pflanzen nicht etwa die Nachteile haben, die bei den ungeeigneten Arten (im nächsten Abschnitt) im einzel-nen angeführt sind.

Problematische Begleitpflanzen im Überblick

Botanischer Name	Deutscher Name	Problem
Convallaria majalis	Maiglöckchen	Starke unterirdische, reichverzweigte Triebe
Aquilegia ssp. (alle Arten)	Akelei	Kräftige, tiefgehende Rüben
Arabis ssp.	Gänsekresse	Dichte Polster, unter denen am Tage die Schnecken Zuflucht suchen
Armeria ssp.	Grasnelke	Dichte Polster, unter denen am Tage die Schnecken Zuflucht suchen
Asperula odorato	Waldmeister	Zwar dünne, aber sehr stark verzweigte unterirdische Triebe (flächenhafte Horstbildung)
Campanula ssp.	Glockenblumen	Vermehrt sich vital durch Ausläufer und durch Samen
Cerastium ssp.	Hornkraut	Dichte Polster, unter denen am Tage die Schnecken Zuflucht suchen
Dianthus (polsterbildende Arten)	Nelken	Dichte Polster, unter denen am Tage die Schnecken Zuflucht suchen
Helianthemum ssp.	Sonnenröschen	Vermehrt sich vital aus Samen (umfangreiches Wurzelwerk)
Hieracium ssp.	Habichtskraut	Vermehrt sich vital durch Ausläufer und durch Samen
Lysimachia ssp.	Münzkraut	Vermehrt sich vital durch Ausläufer und durch Samen
Maianthemum bifolium	Schattenblume	Zwar dünne, aber sehr stark verzweigte unterirdische Triebe (flächenhafte Horstbildung)
Oxalis ssp.	Sauerklee	Verdrängt durch reichliche Samenstreuung und vitalen Wuchs andere, auch kräftigere Pflanzen
Polsterphlox ssp.	Flammenblumen	Dichte Polster, unter denen am Tage die Schnecken Zuflucht suchen

oben links:

Ophrys sphegodes – Vorkommen in sonnigen, aber geschützten Halb-trocken- bzw. Magerrasen und lichten Kiefernwäldern auf basischen Böden

oben rechts:

Ophrys sphegodes, ssp. *litigiosa* – Vorkommen wie *Ophrys sphegodes,* blüht etwas früher mit etwas kleinerer Blüte mit gelbem Rand, vermutlich eine lebensfähige Mutation

unten links:

Orchis coriophora – Vorkommen in frischen bis feuchten Magerwiesen und lichten Wäldern

unten rechts:

Orchis mascula – Vorkommen in frischen Magerwiesen, Halbtrocken-rasen und in lichten Wäldern mit großer Amplitude (schwach sauere bis basische Böden)

Botanischer Name	Deutscher Name	Problem
Polygonatum ssp.	Salomonssiegel	Starke unterirdische, reichverzweigte Triebe
Polygonum ssp.	Knöterich	Vermehrt sich sehr vital aus Samen
Potentilla (polsterbildende Arten)	Fingerkraut	Dichte Polster, unter denen am Tage die Schnecken Zuflucht suchen
Sangina ssp.	Sternmoos	Vermehrt sich sehr vital aus Samen
Saxifraga (polsterbildende Arten)	Steinbrech	Dichte Polster, unter denen am Tage die Schnecken Zuflucht suchen
Sempervivum ssp.	Dachwurz	Dichte, undurchdringliche Polster

Die Pflege des Orchideenareals

Da die meisten Pflegemaßnahmen im Prinzip bereits besprochen wurden, bleibt an dieser Stelle nur noch zu erwähnen, daß neben der Versorgung mit ausreichender Bodenfeuchtigkeit während der Vegetationsperiode (das kann nicht oft genug betont werden) nur unerwünschte Kräuter zu entfernen sind, vor allem solche mit tiefreichenden Wurzeln. Ansonsten sollte man solche Aktionen nicht übertreiben. Manche Experten sind sogar der Meinung, daß die besten Orchideengärtner diejenigen sind, die am wenigsten Hand anlegen.

Doch ganz so großzügig sollte man seine Aufgabe bei Neuanlagen nicht sehen, vor allem dann, wenn die Bodenoberfläche verkrustet. Sollte dies der Fall sein, ist mit einem Handgrubber diese verhärtete Schicht vorsichtig aufzukratzen, damit das Edaphon wieder mit Luft versorgt wird. Um diese Tätigkeit zu vermeiden, wurde bereits vorgeschlagen, das Areal mit Granulat, zerriebenem Buchenlaub u. ä. abzustreuen. Geeignet sind auch stark zerkleinerte Nußschalen, während bei der Verwendung von Rindenmulch gewisse Vorbehalte anzumelden sind, da die Gefahr besteht, daß (möglicherweise schädigende) Bakterien und Pilze bereits mit der Zersetzung begonnen haben. Auch ist nicht auszuschließen, daß erste Entwicklungsstadien (Maden, Larven u. a.) schädigender Lebewesen darin vorhanden sind. Will man Rindenmulch (stark zerkleinert) verwenden, empfiehlt sich dringend eine vorherige Pasteurisierung.

Wenn dann die Flur vom Frost befreit ist und die Sonne mit ihren Strahlen die Frühjahrsblüher hervorlockt, wird die Winterruhe im Orchideenareal von fröhlichem Gezwitscher abgelöst. Ihrem angeborenen Instinkt folgend, suchen sich die gefiederten Gartenfreunde ein Revier und einen geeigneten Nistplatz. Da werden kleine Ästchen und trockene Halme zusammengetragen und eine Kinderstube gebaut. Die Amsel *(Turdus merula)* kleidet das fertige Nest mit feuchter Erde aus, die reichlich in unserem Feuchtbereich der Orchideenanlage zu finden ist. Die Blaumeise *(Parus caeruleus)* nimmt nur das weichste Material – und das nur vom Besten. Folglich kommen dafür ausschließlich Torf- und Laubmoose in Frage (daran erkennt man ein Blaumeisennest). Dann kann es schon passieren, daß im Frühjahr unser moosbewachsener Feuchtbereich arg zerschlissen aussieht. Auch wenn es nicht schön wirkt: eine solche Fledderei kann

Ein später Nachtfrost hat die Infloreszenz von *Orchis mascula* geschädigt

Bei Trockenheit und kühlen Temperaturen hat *Cypripedium calceolus* das Blühen vorzeitig eingestellt, um die Existenz des Horstes zu sichern

Älchen oder Pilz, das ist hier bei *Epipactis palustris* die Frage – jedenfalls muß etwas unternommen werden

nur mit einem entsprechend dimensionierten, gewölbten Kükendraht oder mit einem dichten Netz verhindert werden. Letzteres hat allerdings den Nachteil, daß sich aufgrund der Nachgiebigkeit des Netzmaterials die Vögel darin verfangen können. Man sollte also ein wachsames Auge haben, wenn man sich zu einer derartigen Vorrichtung entschließt und den Draht erst nach dem Ende der Nestbauzeit wieder entfernen.

Außer dem Frühling gibt es für die Orchideen noch eine kritische Jahreszeit, in der Hilfe notwendig erscheint. Das ist der Winter mit seinen Kahlfrösten, wenn sich keine lockere, ansehnliche Schneedecke über die Pflanzen breitet. Eine Abdeckung mit frischen Fichtenzweigen kann das Orchideenareal schützen. Die Zweige sollen ein Luftpolster bilden und deshalb sind *Abies*- oder *Picea*-Arten mit hängenden Ästchen für diesen Zweck ungeeignet. Die Äste und Zweige müssen kräftig gegenständig abstehen und dürfen keinesfalls die winterüberdauernden Blätter einiger Orchideenarten berühren. Notfalls kann ein entsprechend großer, gewölbter Kükendraht über den Pflanzen dies verhindern. Zur Verstärkung der Wirkung kann bei bedingt winterharten Pflanzen zuvor geknülltes Packpapier (unbedrucktes kann später auf dem Komposthaufen »entsorgt« werden) oder ein Saatschutzvlies über den Reisern ausgebreitet werden, die allerdings gegen Windabtrag gesichert sein müßten. Die Zweige sollten von Ende Dezember bis Mitte April aufliegen, der winterliche Frost ist weniger schädigend, als die Nachtfröste im März/April, weil dann bereits die Vegetationsaktivität eingesetzt hat. Erfrorene Blatteile färben sich schwarz; man sollte sie abschneiden und entfernen, um einem Pilzbefall vorzubeugen. Diese schwarzen Blatteile dürfen nicht auf dem Komposthaufen landen, sondern müssen vernichtet werden, um weiteren Verpilzungen vorzubeugen. Ebenso verfährt man bei faulenden Knollen, die sich oft durch schlappe Blätter bemerkbar machen. Ebenso oft greift die Triebhalsfäule[4] auf das Speicherorgan über und führt zum Verlust der Pflanze. Wer jedoch durch Erfahrung gewitzt ist, wird bei anomaler Vegetationsentwicklung die Pflanze sehr vorsichtig aus dem Erdreich lösen und ggf. etwas zu ihrer Rettung unternehmen. Die faulen Pflanzenteile werden bis auf das gesunde Gewebe abgekratzt/ausgeschnitten und mit Aktivkohle oder einem handelsüblichen biologischen Präparat behandelt. Hat sich bereits eine mehr oder minder große Neuknolle/Rübe gebildet, wird sie behutsam abgetrennt und die Bruch-/Schnittstelle ebenfalls mit Aktivkohle behandelt. Bei noch nicht fortgeschrittener Triebhalsfäule kann auch eine Vermehrung in kohledurchsetztem Substrat mit *Sphagnum*-Abdeckung versucht werden, doch ist in der Regel die Knolle zuerst betroffen und fault, bevor der Befall an den Blättern erkennbar wird. Anregungen und Maßnahmen der Rettungsaktion sind sinngemäß bei den Vermehrungsmöglichkeiten behandelt.

Die Rhizomorchideen mit der relativ langen Assimilationszeit zeigen manchmal schwärzliche Streifen oder Verfärbungen, während andere Blätter noch normal grünen. Dies sind die ersten Anzeichen, daß gehandelt werden muß. Entfernt man ein solches Blatt, legt es in warmes Wasser und beobachtet dann wenige Millimeter lange, winzige Tierchen, so sind die Pflanzen von Älchen befallen, die sehr schwer zu bekämpfen sind. Auskunft bei Schädlingsbefall erteilt die Biologische Bundesanstalt f. Land-

---

[4] Die Triebhalsfäule scheint besonders dann aufzutreten, wenn die Knolle/Rübe zu tief im Boden sitzt.

und Forstwirtschaft, Heinrichstr. 243, 6100 Darmstadt oder der Pflanzenschutzdienst, Fr.-Wilh.-von-Steuben-Str. 2, 6000 Frankfurt/Main 93 bzw. in anderen Bundesländern entsprechende Institute. Es kann sich aber auch um Pilzbefall handeln, der im Anfangsstadium noch durch Abschneiden und Vernichten der schwärzlichen Pflanzenteile bekämpft werden kann, bei fortgeschrittenem Stadium hilft nur die Behandlung mit einem Fungizid. Trotzdem sollten immer zuerst biologische Methoden (Brennessel- oder Schachtelhalmbrühe u. ä. zur Stärkung der Blattextur oder klein geschnittene Lavendelzweige – mit Blättern – zur Abwehr von Schädlingen) versucht werden, ehe schärfere Mittel zur Anwendung kommen.

Die so beobachteten, betreuten Orchideen können ein relativ hohes Alter erreichen. Während in der Natur bei den Knollen- bzw. Rübenorchideen mit einem Vegetationszeitraum von höchstens 8 Jahren gerechnet wird (meist weniger), ist im Garten bei zusagenden Bedingungen ein Wachstumsfortgang von 16 Jahren oder mehr durchaus realistisch. Das ist relativ leicht zu erklären: Wenn die Bodenzusammensetzungen stimmen, bei Trockenheit für ausreichende Feuchtigkeit gesorgt wird und konkurrierende hohe Pflanzen entfernt werden, sind sie in den beiden letzten Punkten gegenüber den in der Natur vorkommenden Orchideen im Vorteil.

Vermehrungsmöglichkeiten

Vermehrung in der Natur

Die Vermehrung in der Natur beschränkt sich zwar auf wenige Methoden, doch braucht man viel Verständnis, um diese Vorgänge gezielt in der Natur einzusetzen. Bereits mit einer sinnvollen und überlegten Pflege der Biotope könnte jedoch eine Zunahme der Orchideenpopulationen erreicht werden. Die Voraussetzung für das Vorkommen von Spezies dieser Pflanzenfamilie dürfte in den meisten Fällen ohnehin nur ein aufgelassenes bzw. nicht intensiv genutztes Flurstück (Brache) oder ein lichter Wald (auf ihn wird später eingegangen) sein.

Wichtig ist, vor irgendwelchen Pflegemaßnahmen in der Natur schriftliche Vereinbarungen mit dem Eigentümer oder/und einer Naturschutzbehörde zu treffen, um später gegen unliebsame Auseinandersetzungen gefeit zu sein. Am günstigsten wäre es, wenn sich nur Orchidenkenner und solche, die es werden wollen, aktiv an der Pflege beteiligen; es sollte aber auf jeden Fall stets ein Mitglied der Gruppe zugegen sein, wenn eine der oben genannten Personen/Behörden Maßnahmen vornehmen möchte. Falls auch das nicht durchführbar ist, sollte zumindest die Pflegegemeinschaft über Art und Umfang der Vorhaben informiert werden, und zwar schriftlich.

In der Regel wird es ein offener Standort (wahrscheinlich eine Brache) sein, der der Gruppe für Pflegemaßnahmen überlassen wird. Meist bestehen solche Standorte aus mehrjährigen, vertrockneten Stengeln höherer Krautgewächse und wucherndem Gebüsch. Auch ein mehr oder minder großer Baumbestand kann vorhanden sein.

Eingedenk dessen, daß auch Pflanzen Lebewesen sind und sich an ihre Umgebung mit all ihren Eigenarten durch Enzymangleichungen oder Mutationen angepaßt haben, ist es unverantwortlich, aufgekommene Büsche und Bäume rabiat zu roden. Es sollte nach und nach nur soviel geschlagen werden, daß der Idealzustand in 5 bis 7 Jahren erreicht wird. Es empfiehlt sich auch nicht, nur bestimmte Pflanzenarten alleine stehen zu lassen, wie z.B. auf einem Halbtrocken-/Trockenrasenbiotop Wacholder (*Juniperus*-Arten) und Felsenbirne (*Amelanchier*-Arten). Blüten- und früchtetragende Büsche der Familie der Rosengewächse *(Rosaceae)* bieten Insekten und Vögeln ein reichhaltiges Nahrungsangebot und sind deshalb mit Rücksicht zu behandeln. Erst wenn im Laufe der Jahre ein dichtes Gestrüpp entstand, wird kräftig durchzuholzen sein, so daß eine aufgelockerte Buschgruppe stehen bleibt. Die Bodenzweige der verbleibenden Sträucher werden dann bis zu einer Traufenhöhe von etwa 1 Meter entfernt. Keinesfalls ist das gesamte Gestrüpp zu beseitigen, weil es einen entscheidenden Anteil an dem Kleinklima hat. Sollten die Büsche auch innen stark verzweigt sein, sind auch einige Innenzweige herauszuschneiden, doch nur soweit, daß

So sieht ein natürlicher Standort von *Orchis militaris* aus. Eine Mahd im August würde völlig ausreichen, um die Population zu stärken

eine Bedeckung nach oben erhalten bleibt. Durch die Schaffung von Astquirlen hinter der Blätterperipherie wird der Bau von Vogelnestern unterstützt. Auch das Aufhängen von Nistkästen muß man nicht unbedingt den Ornithologen überlassen (Ausflugloch nach Südost!). Sind auf dem Areal Baumgruppen vorhanden, werden die Äste bis zu einer Traufenhöhe von etwa 2 Metern, aber etwas ungleichmäßig entfernt (es soll ja nicht zu sehr nach einem »gepflegten« Areal aussehen), um dem Wild einen willkommenen Durchgang (bei Sichtschutz von oben) zu bieten. Stehen die Bäume zu dicht beieinander, können einer oder auch zwei von ihnen gefällt werden. Ein trockener Baum oder höherer Baumstumpf (Stuken) sollte jedoch stehenbleiben, da er eine wichtige ökologische Funktion hat. Dieses trockene Holz ist Lebensraum für viele Insekten.

Natürlich sollen auch genügend freie Flächen für die Krautflora entstehen. Ein geradezu ideales Biotop hat Möller geschaffen und 1984 darüber berichtet. Es zeigte sich dabei, daß an den Stellen, an denen der Tau länger auf die Pflanzen einwirken kann (im Morgenschatten der Gehölze), die Keimungsrate und auch der Wuchs der Orchideen günstig beeinflußt wird. Möller mißt auch dem abtropfenden Honigtau bzw. Nektar aus Blüten maßgebliche Bedeutung bei.

Sehr wichtig ist die Mahd der höherwachsenden Kräuter im August und das anschließende Abräumen der Biomasse. Das gilt für alle Magerrasen- oder Wiesenflächen. In diesem Monat sind die meisten Orchideensamen ausgereift und finden auch den Kontakt zum Boden. An Wintertagen können bei Kahlfrost die vertrockneten Stengel mit dem Heurechen entfernt werden. Auf Brachen oder aufgelassenen Flurstücken ist zum Zweck der Stickstoffabschöpfung evtl. im Frühjahr eine Vormahd zu erwägen. Jedoch sollten mit Beginn der Schlüsselblumen-Blüte (Mitte März) keine Pflegemaßnahmen mehr durchgeführt werden, um die bodenbrütenden Vögel nicht beim Nestbau zu stören. Für sie könnten sogar einige Büsche unbeschnitten bleiben. Gegebenenfalls kann das Areal auch sektorenweise gemäht werden, um den Insekten ständig Nahrungsquellen zu bieten – denn wo Insekten sind, werden die Blumen bestäubt und können Samen ausbilden, die wiederum Blütenpflanzen hervorbringen.

Falls die Biomasse nicht von Bauern oder anderen Interessenten abgenommen wird, wird sie an einer weniger interessanten Stelle über einer Reisigunterlage aufgeschichtet. Hier finden verschiedene Kleintierarten oder sogar ein Igelpärchen ein geeignetes Quartier. Es ist darauf zu achten, daß der Zugang nach Südosten liegt, und daß möglichst kein Wasser – auch nicht nach starken Regenfällen – unter dem Versteck durchfließt. In der Nähe von Gewässern legen Ringelnattern *(Natrix natrix)* gern ihr Gelege in Biomasse-Hügel (er kann nicht groß genug sein) ohne Reisigunterlage, weil der Verrottungsvorgang Wärme erzeugt, der die Eier ausbrütet.

In Wäldern (sofern hier eine Pflege erlaubt wird) ist zuerst soweit auszuholzen, bis das Sonnenlicht auf dem Waldboden das Vorkommen einer schütteren Krautschicht erlaubt. Auch aufkommendes Jungholz, sofern es nicht der Waldverjüngung dient, und sich ausbreitende Gebüsche sind zu schlagen. Das anfallende Reisig sollte weitgehend entfernt werden, an Stellen ohne Krautbewuchs auch Laubfall und Nadelstreu, wobei auf Vorkommen von *Goodyera repens* und die *Pyrola*-Arten zu achten ist. Der freigelegte, mineralische Waldboden fördert Keimung und Wachsen von verschiedenen Orchideenspezies. In bereits lichten Wäldern verhindern oft flächendeckende Gewächse das Gedeihen von Orchideen (Adlerfarn, Brom-

oben links:

Orchis militaris – Vorkommen in Halbtrockenrasen, in lichten Kiefern- und Mischwäldern, selten auf Feuchtwiesen – nur auf kalkhaltigen bzw. basischen Böden

oben rechts:

Orchis morio – Vorkommen in halbtrockenen bis feuchten, sonnigen Magerwiesen, in lichten Wäldern, meist auf neutralen Böden

unten links:

Orchis palustris – Vorkommen auf Sumpfwiesen, Flachmooren

unten rechts:

Orchis pallens – die meist am frühesten blühende Orchidee, Vorkommen in halbschattigen Laubmischwäldern, gelegentlich auch auf Waldlichtungen oder Magerrasen auf kalkholden Böden

beeren u. a.). Sie müßten auf ein erträgliches Maß zurückgedrängt werden, unter Umständen durch Rodung der Wurzeln und Ausläufer. *Cypripedium calceolus* neigt anscheinend eher zur Horstbildung, wenn über der Orchidee ein Freiraum von mindestens 2 Metern vorhanden ist, d. h. ein solcher Freiraum sollte, wenn nicht gegeben, freigeschnitten werden.

Vermehrung im Garten

Es ist aber auch im Garten möglich, die erworbenen Pflanzen durch verschiedene Maßnahmen vegetativ – also ohne Samenkeimung – zu vermehren. Eine Vermehrung aus Samen ist zwar erreichbar und wird erörtert, doch ist die generative Vermehrung erst dann möglich, wenn die Kleinbiotope artgemäße, der Natur entsprechende, biotische Faktoren geschaffen haben.

Vermehrung durch ein geeignetes Substrat

Bislang ist nur bekannt, daß sich Orchideen im Experiment in einem geeigneten Substrat der Feuchtgebiete vegetativ vermehrt haben. Gefördert wird dies durch reichliche Beimischung von Torf zu der oberen Bodenschicht. Reinecke führt das Verhalten auf die Einwirkung von Huminsäure, die im Torf enthalten ist, zurück. Auch eigene Versuche mit asymbiotisch gewonnenen Pflanzen haben diese Möglichkeit bestätigt. Nachdem eine der asymbiotisch gewonnenen Orchideen das erste Mal geblüht hatte, begann die vegetative Vermehrung, und nach 3 Jahren war die Gruppe auf 5 Exemplare angewachsen. Dagegen vermehrten sich zwei weitere Spezies weniger gut.

In einem Erde/Moorsubstrat hat sich eine asymbiotisch gezogene Mutation von *Dactylorhiza maculata* vegetativ vermehrt

Eine asymbiotisch gewonnene
Dactylorhiza purpurella hat sich
vegetativ vermehrt

Wer diese Art der Vermehrung nutzen möchte, sollte einen etwas größeren Topf in das Feuchtgebiet einsetzen, dessen Füllung aus einem noch stärkeren Torfanteil (etwa 2 : 1 oder gar 3 : 1) besteht. Zu solchen Experimenten ist zu raten, wenn sich die Pflanze in der bewährten Mischung (siehe S. 74) vervielfacht hat. Wer die Ausgabe nicht scheut, kann natürlich gleich 2 oder 3 Pflanzen bei dem Anzuchtbetrieb erwerben, von denen eine für den Versuch vorgesehen ist.

Eine Erfolgsgarantie kann jedoch nicht gegeben werden, da bei einer Anzucht verschiedene Mutationen mit größerer, aber auch mit geringerer Tendenz zu einer vegetativen Vermehrung auftreten können. Außerdem ist nicht geklärt, ob Begleitpflanzen das Verhalten günstig oder hemmend beeinflussen. Deshalb ist eine gewisse Distanz dieser Kräuter zu den Orchideen vorerst einzuhalten.

Diese Art der vegetativen Vermehrung konnte bei den Orchideen anderer Vegetationstypen noch nicht beobachtet werden. Immerhin brachte das nachfolgend geschilderte Verfahren einen begrenzten Erfolg.

Frühzeitiges Entfernen des Blütenstandes

Von dem Autor wurde in der Natur beobachtet, daß blühfähige Pflanzen, die aus irgendeinem Grund nicht zum Blühen kamen (Wildverbiß, Schnekkenfraß am Blütenstengel o. ä.), sich vegetativ vermehrten. Will man dieses Verhalten im Garten nutzen, wird der Blütenstengel etwa 5 bis 10 cm (je nach Art) über der Austriebstelle abgeschnitten, mit Kohlepulver bestäubt und mit Tesafilm oder einem ähnlichen bakterienundurchlässigen Verschluß abgedichtet. Durch diese Maßnahme entfällt der Saftverbrauch für das Emporstrecken, der Ausbildung der Blüten und der Samen. Offensichtlich ist nun aber die Energiegewinnung durch die Photosynthese so groß, daß sie irgendwie abgeleitet werden muß und sei es in die latenten Innovationspunkte am Triebansatz. Diese erhalten einen Aktivierungsschub, dringen in die artgemäße Tiefe vor und bilden neue Knollen. In der Regel werden es zwei oder drei neue Speicherorgane sein, doch, je nach Vitalität der Pflanze, können auch vier neue Knollen entstehen. Die so gewonnenen Speicherorgane können nun nach der bereits beschriebenen Methode vereinzelt werden. Der günstigste Zeitpunkt dürfte 2 bis 3 Wochen nach dem Welken der Blätter sein, wenn die alten Wurzeln abgestorben sind und die neuen sproßbürtigen Wurzeln gerade mit dem Austreiben beginnen.

Rhizomschnitt

Die Vermehrung durch einen Rhizomschnitt ist nur bei wenigen Orchideenarten bekannt. Glücklicherweise werden diese von den Anzuchtbetrieben angeboten. Es sind dies *Epipactis palustris* und *Cypripedium calceolus*.

Besondere Vorsicht ist geboten, da diese Spezies (insbesondere die *Epipactis*-Art) recht lange Wurzeln haben. Hat man diese beim Herausnehmen oder Trennen verletzt, sollten die abgeschnittenen Stücke etwa 15 Minuten an der Luft liegen bleiben, damit sich ein Wundverschluß bildet. Allerdings sind die Wurzeln von *Epipactis palustris* nicht sonderlich empfindlich – sorgsam sollte man trotzdem mit ihnen umgehen.

Wahrscheinlich durch Ausfall des Erblühens hat sich in der Natur *Orchis purpurea* auf drei Pflanzen vermehrt, die sich nun in den nächsten Jahren Konkurrenz machen werden

Die Rhizome werden mit einem scharfen Messer in überlebensfähige Stücke zerlegt. Bei *Epipactis palustris* ist dies die Mutterpflanze mit den zwei oder drei letztjährigen Rhizomtrieben. Bei *Cypripedium calceolus* läßt man zwei oder drei Rhizomabschnitte zusammen, die, durch leichte Einschnürungen den Jahrestrieb erkennen lassen oder nimmt mehrjährige Rhizomverästelungen ab. Beide Schnittflächen sind mit pulverisierter Aktivkohle (Apotheke) zu verschließen. Eine Teilung ist sogar notwendig, wenn der Horst durch Nachlassen der Blühwilligkeit Konkurrenzverhalten oder Bodenmüdigkeit dies anzeigt. Über das »Wohin« mit den abgetrennten Pflanzen wurde bereits diskutiert.

Auch die so gewonnenen Jungpflanzen sollten in dasselbe Substrat gesetzt werden, aus dem sie stammen, es sei denn, an dem bisherigen Standort hat die Mutterpflanze nicht den üblichen Habitus gezeigt. Wenn einzelne Gattungen auch eine gewisse Toleranzfähigkeit aufweisen, so sind doch extrem-unterschiedliche Bodenzusammensetzungen zu vermeiden.

Es sollen nun noch vegetative Verfahren angesprochen werden, die, neben dem theoretischen und praktischen Wissen, auch eine gewisse Risikobereitschaft voraussetzen.

Von Ramin und Reinecke haben versucht, duch operative Eingriffe eine Klonbildung anzuregen, um damit zu neuen Pflanzen zu kommen.

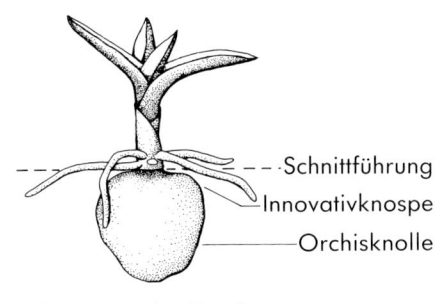

-- -Schnittführung
--Innovativknospe
--Orchisknolle

Abtrennen der Knolle

Abtrennen der Knolle bzw. der Blattrosette

Im November, wenn die Arten mit winterüberdauernden Blättern diese voll entfaltet haben, sind auch bereits Wurzeln vorhanden. Dann trennt man die Knolle unterhalb der Wurzeln ab, die den assimilierenden Teil voll versorgen können. Die Schnittflächen beider Teile sind mit Aktivkohle – wie bereits besprochen – zu verschließen. Der obere Pflanzenteil wird wie gewohnt weiterwachsen und im Frühjahr den Innovationstrieb in die arttypische Tiefe bringen. Die abgetrennte Knolle sollte in einem Topf zu 3/4 in das übliche Substrat gesetzt werden, während der Rest mit *Sphagnum*-Moos abgedeckt wird. Frisches *Sphagnum* (Torfmoos – G!) besitzt eine antibakterielle Eigenschaft (siehe Skizze »Anzucht im Moorbeet«). Am Rande der Schnittfläche werden sich voraussichtlich kleine Adventivknöllchen entwickeln, die im Frühjahr ausgesetzt werden können. Von Ramin berichtet, daß sich – ein vitales Speicherorgan vorausgesetzt – selbst nach dem Abnehmen der ersten Knöllchen noch weitere kleine Adventiv-Organe bilden können. Das *Sphagnum*-Moos ist ggf. zu erneuern.

Beutel aus Kunstgewebe
frisches Sphagnum
Substrat
Wasserstand
Styropor
Plastiktopf ⌀ 15 cm

Kultur im Moorbeet

Kultur im Moorbeet

Reinecke hatte den erheblichen Vorteil, seine Versuche in Zusammenarbeit mit dem Botanischen Garten der Universität Kiel durchführen zu können. Er hat zuerst mit der ‹Kultur im Moorbeet› experimentiert, aber später zwei offensichtlich ergiebigere Schnittführungen angewendet, den Median- und den Schrägschnitt.

Die Kultur im Moorbeet hat einiges mit der bereits erörterten Methode »Frühzeitiges Entfernen des Blütenstandes« gemeinsam. Nur geht sie noch einen Schritt weiter, denn der gesamte Trieb wird oberhalb der Wurzeln abgetrennt und die Schnittstelle mit Aktivkohlepulver behandelt. Dieser amputierte Teil ist logischerweise gegenüber Bodenorganismen sehr anfällig, deshalb ist eine Weiterkultur nur in einem externen Behälter möglich. Die Innenausstattung dieses Plastiktopfes erwies sich als überaus wirksam, so daß Reinecke diese Zusammensetzung auch für seine späteren Versuche verwendete. Das Substrat besteht aus 2 Teilen Torf und 1 Teil Moorerde und lediglich der Wasserstand wird für die Bedürfnisse der einzelnen Spezies variiert. Allein schon aus Gründen der Rationalität empfiehlt es sich, die Töpfe in eine größere Wanne zu stellen und die Nässeverträglichkeit der speziellen Arten durch entsprechend dicke Unterlagen unter den Töpfen zu regeln. Diese Methode ist bei feuchtigkeits- bis nässeliebenden *Dactylorhiza*-Arten erfolgreich.

Reinecke hat an trockenere Standorte angepaßte *Orchis*-Spezies in seine Versuche einbezogen, doch beschreibt er seine Ergebnisse als enttäuschend. Das braucht aber andere nicht davon abhalten, es mit einem anderen Substrat, etwa 2 Teile Kalksteinchen mit 1 Teil Torf oder ähnlichen Zusammensetzungen zu versuchen.

Allerdings empfindet der Verfasser diese zur Klonbildung eingesetzten Methoden als recht brutal: Durch Unterbinden der Assimilation und Blütenbildung werden die Orchideen in ihrem Verhaltensmuster erheblich irritiert. Man bezweckt damit, daß sich an dem Triebansatz weitere Innovationstriebpunkte aktivieren und zur Genese einer neuen Knolle veranlaßt werden, die nach Abschluß der Entwicklung für eine Ausbringung (siehe vorigen Absatz) ins Freiland zur Verfügung stehen.

Teilen der Knolle/abgeflachte, gespaltene Knolle

Der Schnitt wird mit einem, vorher mit einer aseptischen Lösung behandelten, sehr scharfen Messer oder einer Rasierklinge durchgeführt. Die Wirkung von Median- und Schrägschnitt soll annähernd gleich sein, doch würde der Autor dem Medianschnitt den Vorzug geben. Alle Schnitte sollten ziehend erfolgen, evtl. ist neu anzusetzen. Ein drückender Schnitt würde die Zellstruktur an der Verwundung nachteilig verändern.

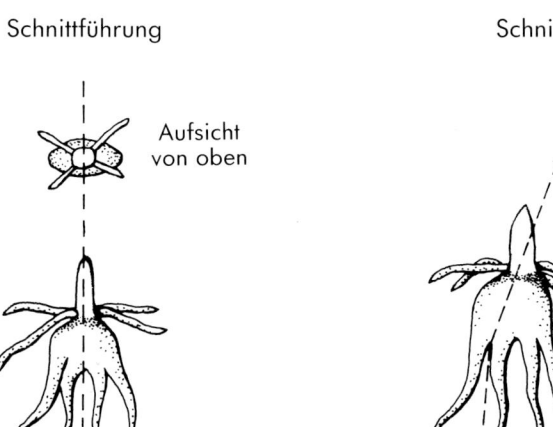

Schnittführung — Aufsicht von oben — Der Medianschnitt

Schnittführung — Der Schrägschnitt

oben links:

Orchis tridentata – Vorkommen in Halbtrockenrasen, in Magerwiesen, in lichten Wäldern auf kalkhaltigen und basischen Böden

oben rechts:

Orchis ustulata – Vorkommen in Halbtrockenrasen, auf magergrasigen Hügeln und Hängen, auch in lichten Laubwäldern auf Löß und kalkigen Böden

unten links:

Platanthera bifolia – Vorkommen auf Heiden, in buschbestandenen Magerwiesen, an Waldrändern, in lichten Wäldern

unten rechts:

Platanthera chlorantha – Vorkommen auf Halbtrockenrasen, in Magerwiesen, in lichten Laub- und Kiefernwäldern mit Vorliebe auf kalkhaltigen Böden

Reinecke empfiehlt die Schnittflächen besonders sorgfältig zu behandeln. Er schlägt vor, Kohlepulver auf eine Glasplatte zu streuen und darauf die Schnittflächen fest aufzudrücken. Eine Aufbewahrung erfolgt zunächst ausschließlich in frischem *Sphagnum*, ehe eine Weiterkultur in einem »Moorbeet-Topf« angeraten erscheint. Die sich bildenden Adventivknollen können hingegen in ein artgemäßes Substrat bzw. in einem adäquaten Boden ausgebracht werden.

Vermehrung durch Samen (generative Vermehrung)

Aussaat von Möller im Morgenschatten einer Fichte nach zwei Jahren

Die Vermehrung durch Samen ist im Garten etwas problematisch, denn erst wenn sich ein naturgleiches Edaphon gebildet hat – in der Regel nach etwa 5 Jahren oder noch später – sind solche Versuche möglich. Dann allerdings kann eine vorsichtig mit einem angespitzten Holzstäbchen aufgekratzte Erdoberfläche (bis 5 cm), auf die der Samen weit ausgestreut und mit Wasser eingeschwemmt wurde, zum Erfolg führen. Er ist jedoch bei der generativen Vermehrung – im Vergleich zur vegetativen Vermehrung – immer sehr vage.

Drögemöiler empfiehlt, mit einem Bleistift o. ä. rings um eine Orchidee im äußeren Grenzbereich der Wurzeln, 2 bis 5 cm tiefe Löcher in das Erdreich zu stoßen und den Samen darin zu verteilen.

Peitz wässerte den Samen eine halbe Stunde lang und schüttete den Inhalt über eine ungemähte Fläche. Bei einer Besichtigung seines ehemaligen Weinberges war das Ergebnis nicht sehr überzeugend. Das Gegenteil konnte mir Möller 1983 auf der Weper zeigen. Dort hatte er das Gras, mit Wurzeln, auf einem Quadratmeter entfernt und auf diesem Fleckchen Samen von *Orchis mascula* ausgesät. Die nunmehr zweijährigen Pflanzen standen dicht an dicht. Allerdings war das Gelände ohnehin von einer Pflegegruppe vorbildlich gestaltet und behandelt, so daß sich eine intakte Biozönose manifestierte.

Aus alledem ergibt sich die Vermutung, daß unter dem grasbedeckten Boden ein lebendiges Edaphon existierte, das nun wiederum die Keimung der Orchideensamen günstig beeinflußte. Wer also eine Samenaussaat tätigen möchte, auch, um standortangepaßte Mutationen zu erhalten, sollte vor allem für ein reichhaltiges Mikroleben im Boden sorgen. Leider läßt sich das von außen nicht beurteilen, da dem Liebhaber in der Regel nicht nur die nötigen Kenntnisse, sondern auch die erforderlichen Gerätschaften für eine Untersuchung fehlen. So bleibt nichts anderes übrig, als aufgrund der gemachten Angaben eigene Versuche anzustellen. Da die Möllerschen Aussaaten im Schatten von höheren Gewächsen (Bäume, Büsche) mit einer stark verzögerten Tauverdunstung lagen, dürfte eine stetige Feuchtigkeit der Aussaatstellen von erheblicher Bedeutung sein. Da Möller auch dem abtropfenden Blütennektar eine begünstigende Wirkung beimißt, ist auch eine Wässerung in zuckerhaltigem Wasser zu erwägen. Von Ramin empfiehlt das Angießen der Samen mit Honigglas-Ausspülwasser. Der Autor selbst möchte noch einmal ausdrücklich darauf hinweisen, daß eine inten-

Asymbiotische Anzucht von *Ophrys insectifera* im Erlenmeyerkolben auf K 2

sive Naturbetrachtung und deren Umsetzung für eine erfolgreiche Kultur im Garten von großem Nutzen ist.

Die genannten Vermehrungsversuche sind nur für die Aufstockung der eigenen Bestände von Bedeutung oder um besonders schöne Pflanzen in einem bescheidenen Rahmen zu vermehren. Für die Gewinnung von hohen Quantitäten bedient man sich heutzutage der symbiotischen und/oder der asymbiotischen Aufzucht. Diese Methoden setzen zum gro-ßen Teil einen sterilen Raum (Eilhardtscher Topf, Eilhardtsche Glocke, Sterilluft-Werkbank o.ä.) voraus. Eine genauere Erklärung dieser Mög-lichkeiten und deren Abfolge würden aber den Rahmen des Buches sprengen. Wer sich trotzdem daran versuchen möchte, der möge in ent-sprechender Fachliteratur nachlesen. Es sei hier für den Anfänger nur auf das sterile Arbeiten über Wasserdampf und mit NaOCl hingewiesen. Die in den anderen Publikationen zumeist angegebenen Nährböden müs-sen für viele einheimische Orchideenarten aber keineswegs so kompli-ziert sein. Recht gute Erfolge bei *Dactylorhiza* und *Ophrys* bringt ein Nährboden nach Vöth, modifiziert von Ramin:

1000 ml	Aqua destillata
2 g	Hefeextrakt
3 g	Pepton (möglichst Sojapepton)
10 g	Saccharose (auch Zucker EG-Qualität 1)
10 Tropfen	Polybion (Apotheke)
7 g	Agar-Agar

Das häusliche Labor des Autors

Der Autor – ohnehin ein Anhänger der Naturheilkunde – verwendet weit-gehend auch andere organische Ingredienzen. So ist ein empfehlenswertes Rezept für einen Transplanting-Nährboden[1] mit überraschend guter Wur-zelbildung entstanden:

K 2 (Eilhardt 1977) – gilt für 100 ml = 3 Stck. 100 ml-Erlenmeyerkolben):

Lösung 1: 50 ml Aqua destillata
                 0,2 g Mairol (Blumendünger)
                 0,66 g Agar-Agar

Lösung 1 in einem 1000-ml-Erlenmeyerkolben kurz aufwallen lassen, damit der Agar-Agar sich auflöst und nach Erkalten auf $\pm$ 35°C (wenn die Hand das Gefäß als sehr warm empfindet) Lösung 2 hinzugeben und durch-schwenken.

[1] Auf einen Transplanting-Nährboden werden die 1,5 bis 2 mm messenden Proto-corme im sterilen Raum umgebettet.

Lösung 2: 50 ml Aqua destillata
              2 g Saccharose (bzw. Zucker, EG-Klasse 1)
              0,3 g Kastaniermehl, extrahiert[2]
              5 bis 6 g fein pürierte Banane
              4 Tropfen Polybion (aus der Apotheke)
              0,12 g Aktivkohle (aus der Apotheke)

Die Lösung 2 wird kräftig durchgeschwenkt, damit sich die Ingredienzen auflösen und miteinander verbinden.

Angemerkt sei außerdem – der Vollständigkeit wegen – noch, daß einige Experimentatoren bemüht sind, die massenhafte Vermehrung aus Samen zu vereinfachen.

---

[2] Zur Prozedur des Extrahierens: Die braune Kastanienhülle wird entfernt, der Inhalt in Würfel zerteilt und in einer Papiertüte getrocknet. Diese werden dann in einer elektrischen Kaffeemühle feinst gemahlen und mit der fünffachen Menge Isopropylalkohol (Apotheke) angesetzt. Ab und zu wird geschüttelt, und nach 10 Tagen wird der Inhalt durch einen Kaffeefilter gegossen. Dem verbleibenden Schlamm muß jegliche Feuchtigkeit baldmöglichst entzogen werden. Durch ein feines Sieb gegeben, erhält man das gewünschte Kastanienmehl. Man bewahrt es in braunen Weithalsflaschen auf.

Schlußbetrachtung

Die Feststellung »Im Urlaub suche ich das Erlebnis von unberührter Natur und Urprünglichkeit« – so in einer Untersuchung des Studienkreises für Tourismus (1990) zu Testzwecken formuliert – erkannten 52 % der Bundesbürger für sich als zutreffend. Die Hälfte der Bundesbürger verbringt aber ihren Urlaub in Deutschland. Wo finden diese Heimattouristen überhaupt noch unberührte Natur?

Durch das enorme Bevölkerungswachstum in Deutschland seit 1900 und den sich daraus ergebenden wirtschaftlichen und politischen Interessen, nimmt nicht nur die Anzahl der Orchideenarten und ihrer Standorte immer mehr ab. Zwar wird inzwischen die Zerstörung von Orchideenstandorten als ökologisches Argument herangezogen, wenn eine neue Straße gebaut werden soll oder andere flächenbeanspruchende Vorhaben in der Planung sind, aber was wird, wenn die Planung abgeschmettert ist, für die Orchideen getan? Wie gehen die Deutschlandurlauber, oder auch die Erholungssuchenden mit der – noch relativ intakten – Natur um?

Die realistischen Antworten kennen wir alle – deshalb sei es zum Schluß noch erlaubt, eine Idealvorstellung zu beschreiben: Wenn der Funke, der die Initialzündung zu diesem Buch war, nach der Lektüre vielleicht auf den Leser übergesprungen ist, und der neue Orchideenfreund auch in der freien Natur etwas für diese Pflanzenfamilie tun möchte, wird hoffentlich die Naturschutzbehörde nicht kleinlich sein; vielleicht wartet bereits ein Gebiet auf seine Helfer. Und sicher wird es dann nicht nur bei den Orchideen bleiben; die Gruppe wird ein sich ständig erweiterndes Naturverständnis entwickeln.

Wenn der Autor mit seinem Buch zu derartigen Entscheidungen ein wenig beitragen konnte, begrüßt er das ebenso wie die Vorstellung, daß vielleicht seine Ratschläge der einen oder anderen Orchidee im Garten ein sicheres Refugium verschaffen können. Wohl dem, der dieses Refugium sein nennen kann, in dem er sich an blühenden Bäumen, Sträuchern, schönen Blumen und vor allem an den heimischen Orchideen mit Muße und Gelassenheit erfreuen darf.

Danksagung

Ich danke dem Naturbuch Verlag, daß er mir die Möglichkeit gegeben hat, mein besonderes persönliches Anliegen – Biotoppflege und Vermehrung in der Natur – mit der Orchideenkultur im Garten – zu verbinden. Ich danke für die schöne Ausstattung des Buches und vor allem für die gute Zusammenarbeit mit der Lektorin, Frau Gabriele Lauermann.

Bildnachweis

Guido Braem: S. 2, S. 25 oben links, S. 53 oben links und rechts
Heinz Oskar Missler: S. 59
Armida Voss: S. 35 oben rechts
Wilhelm Zimmermann: S. 22, S. 54
Alle übrigen Photos stammen vom Autor.

Die Zeichnungen fertigte Manuela Hutschenreiter nach Vorlagen des Autors.

Erläuterung von verwendeten Begriffen

Adventiv-knöllchen Knöllchen, welche aus dem Gewebe des erzeugenden Pflanzenorgans sich abgliedern und hervortreten und u. a. bei bestimmten Methoden der vegetativen Vermehrung entstehen

AHO Arbeitskreis Heimische Orchideen – Vereinigung zum Zwecke des Schutzes und der Erforschung der einheimischen wildwachsenden Orchideen

alkalische Grundstoffe laugenbildende Grundstoffe, die auch in mineralischen Böden enthalten sein können

Ansalbung Ausbringen einer Pflanze an einem Standort außerhalb ihres ursprünglichen Verbreitungsgebietes

Amplitude Toleranzbreite der Pflanze gegenüber Umweltbedingungen

Assimilation in der Botanik die Bildung organischer Substanz aus Kohlendioxyd der Luft und Wasser unter Abgabe von Sauerstoff; nur durch → Photosynthese im Chlorophyll möglich

asymbiotisch Kultur in einem keimfreien Gefäß (→ in vitro)

Ausbringung Ausbringen einer Pflanze innerhalb ihres ursprünglichen Verbreitungsgebietes

autogam Eigenheit einer Blüte, durch eigenen Blütenstaub befruchtet zu werden. Blüten, die durch Fremdbestäubung befruchtet werden können, sind xenogam

basische Böden Böden, in denen die Elemente Kalium (K), Magnesium (Mg), Kalzium (Ca) und Mangan (Mn) – die in starker Wechselwirkung stehen – einen bestimmenden Einfluß ausüben

biotische Faktoren die gesamten Einflüsse der lebenden Umwelt auf die Vegetation (Edaphon, edaphische und externe Faktoren)

Biotop Lebensstätte einer → Biozönose von charakteristischen Pflanzen- und Tierarten eines begrenzten Areals mit relativ einheitlichen Lebensbedingungen

Biozönose Lebensgemeinschaft von Pflanzen- und Tierarten in einem Biotop

Blastosom Entwicklungsstadium des Orchideenkeimkörpers (Vorknolle) → in vivo

BArtSchV Bundesartenschutzverordnung

BNatSchG Bundesnaturschutzgesetz

Brache nicht mehr genutztes Flurstück, das sich selbst überlassen bleibt

Brakteen Tragblätter am Blütenstiel, aus deren Achsel eine Blüte oder ein Blütenzweig hervorgeht

Carapace ölhaltige Schicht, die den Keimling fest umhüllt (siehe Seite 12) und sich aus dem inneren → Integument entwickelt

CITES Convention on International Trade in Endangered Spezies of Wild Flora and Fauna. Anhang 1 enthält entscheidend bedrohte Arten und Gattungen, die nur mit einer Erlaubnisbescheinigung exportiert und mit einer zweiten importiert werden dürfen

CITES-Bescheinigung Urkundlicher Nachweis über den Besitz einer geschützten Pflanzenart, die durch Anbau, bzw. Anzucht gewonnen und unter Beachtung der gesetzlichen Bestimmungen ordnungsgemäß eingeführt wurde

D.O.G. Deutsche Orchideengesellschaft – Vereinigung zum Zwecke der Erforschung und Pflege der Orchideen

DRL (DRatL) Deutscher Rat für Landespflege – Geschäftsstelle: Konstantinstraße 110, 5300 Bonn 2

edaphische Faktoren chemische (mineralische) und physikalische Komponenten, welche die Artenvielfalt des Edaphons bestimmen und damit die Stoffumsetzungsprozesse im Boden beeinflussen, z. B. Salzgehalt und -zusammensetzung, pH-Wert, Porenvolumen, Feuchtigkeit und Temperaturen (siehe Seite 21)

Edaphon Lebensgemeinschaft aller dauernd im Boden lebenden Mikro- und Makroorganismen (siehe Seite 24)

Embryo Keimling (Zellverband), bei Orchideen ohne beigegebenes → Endosperm (siehe Seite 12)

endemisch eigenständige Art, die nur in einem begrenzten Verbreitungsgebiet vorkommt

Endosperm Nährgewebe, das dem Keim die zur Anfangsentwicklung nötigen Stoffe liefert und in der Regel mit ihm eine Einheit bildet

euryök unter sehr verschiedenen Standortbedingungen gedeihende Pflanzen (»Allerweltsarten«)

Eutrophierung unerwünschte (überhöhte) Zunahme der Nährstoffe im Boden und in den Gewässern

Evolution	im Laufe der Zeit fortschreitende, natürliche Entwicklung der Lebewesen, wobei nur die Entwicklungsrichtung (Mutation) sich behaupten kann, die den Widrigkeiten der Umwelt standhält (Selektionsdruck)
externe Faktoren	chemische, physikalische und → meteorotrope Beeinflussungen, die über der Erdoberfläche auf den Standort einwirken (siehe Seite 20)
Florenverfälschung	Verfälschung eines historisch gewachsenen Arteninventars
Fungizide	Vernichtungsmittel gegen Pilze (pilzliche Schädlinge)
gegenständig	Blattpaar, das sich am Pflanzenstiel gegenüber steht
generative Vermehrung	geschlechtliche Vermehrung durch Samen
genetisch	entwicklungsgeschichtlich durch Mutation (Veränderung der Erbmasse) und Selektion (Auslese) entstandene Vererbungsmerkmale
Habitat	Ort, an dem Pflanzen bestimmter Arten in der Regel anzutreffen sind
Habitus	gesamte äußere Erscheinungsform einer Pflanze
Herbizide	Pflanzen- (Unkraut-)vernichtungsmittel
Hutung	Grasfläche, über die Schafe oder Ziegen geführt werden
Hybride	aus zwei verschiedenen, gekreuzten Arten entstandene Pflanze
Infloreszenz	Blütenstand
Innovativsproß	Erneuerungspsproß, aus dem die Pflanze des nächsten Jahres entsteht
Insektizide	Insektenvernichtungsmittel
Integument	Hülle der Samenanlage. Bei den Samen der heimischen Orchideen ist sie doppelt; eine innere, die sich zur → Carapace entwickelt, und eine äußere, aus der sich die → Testa bildet
Internodien	Sproßabschnitte zwischen zwei Stielknoten (wird zum Teil auch für Blattansatzstellen verwendet)
In vitro	Sammelbegriff für alle Anzuchten oder Vermehrungen von keimfreien Zellverbänden in sterilisierten Gefäßen auf einem keimfreien Nährboden bzw. Nährmedium
In vivo	Sammelbegriff für Vermehrungen, Entwicklungsstadien und der Lebensvitalität in der Natur
Klimax	Endzustand einer möglichen Vegetationsentwicklung
Klon	durch vegetative Vermehrung entstandene, genetisch gleiche Pflanzen bzw. Pflanzengruppen
Kronentraufe	größte, oberirdische, horizontale Ausdehnung eines Gehölzes (insbesondere bei Bäumen) – Raum unterhalb der Baumkrone
Labellum	Lippe der Orchideenblüte – Blütenblatt des inneren Kreises mit einer von den anderen Blütenblättern abweichenden Form und oft mit einer auffälligen Zeichnung versehen
Mutation	Veränderung im Erbgefüge einer Pflanzenart (unter Umständen wichtiges Glied in der Pflanzenevolution)
Mykorrhiza	Lebensgemeinschaft zwischen den Wurzeln von höheren Pflanzen und den Hyphen eines Pilzmyzels (Mykotrophie)
Nahrungskette	Weitergabe der Nährstoffe von Lebewesen zu Lebewesen durch Fressen und Gefressenwerden
Nomenklatur	wissenschaftliche Namensgebung der Arten mit detaillierter Beschreibung (in lateinischer Sprache) der bestimmenden Merkmale. Der erste Namensteil bezeichnet die Gattung (Genus), der zweite die Art (Spezies). Bei Subspezies (ssp.) oder Varietäten (var.) wird ein dritter Namensteil hinzugefügt
NSG	Naturschutzgebiet
ökolog. Nische	Standort mit bestimmten Umweltfaktoren, die einer an diese Bedingungen angepaßten Pflanzenart ihr Wachstum ermöglichen
Ovarium	Fruchtknoten
Ovulum	Samenanlage im Fruchtknoten (Ovarium)
Perianth	Gesamtheit der Blütenblätter (ohne die Fortpflanzungsorgane)
Pestizide	Schädlingsbekämpfungsmittel, wird oft für die Gesamtheit der Mittel (→ Fungizide, → Herbizide und → Insektizide) verwendet
Petalen	die drei Blütenblätter des inneren Blütenkreises. Bei Orchideen sind jeweils zwei gleich, aber bei den verschiedenen Arten von unterschiedlicher Form. Das dritte Blütenblatt ist zur Lippe (→ Labellum) ausgebildet
Photosynthese	durch den Einfluß des Sonnenlichts (→ Assimilation) ermöglichte chemische Umwandlung von anorganischen in organische Stoffe (in den Blättern)
pH-Wert	potentia Hydrogenii – Maßzahl für die Wasserstoffionenkonzentration (Basen- bzw. Säuregehalt) in einer Lösung
Phytonzide	von den Pflanzen ausgeschiedene Stoffe, zum Schutz vor Infektionen und zur Abwehr gegen Konkurrenzgewächse
Pilzhyphen	Pilzfäden, die wurzelähnlich in ein Substrat vordringen
Pilzmyzel (Myzelium)	Gesamtheit des zusammenhängenden Hyphengeflechts als Vegetationskörper
Pollinarium	meist in der Mehrzahl (Pollinarien) gebraucht. Gesamte männliche Bestäubungseinrichtung, bestehend aus → Pollinium, Stipes (Stielchen) und Viscidium (Klebscheibe), (siehe Seite 12). Bei einigen Arten ist das Pollinium in dem Viscidium integriert und bildet mit diesem eine Einheit

Pollinium	meist in der Mehrzahl (Pollinien) gebraucht. Zu keulen- oder diskusförmigen Paketen verklebte Pollen (siehe Seite 12)	Stipes	Stielchen zwischen → Pollinium und → Viscidium
Population	Gesamtheit der in Fortpflanzungsgemeinschaft stehenden Individuen einer Art in einem begrenzten Bereich (→ Biotop)	Substrat	zusammengesetzter Pflanzstoff
		Sukzession	allmählicher Übergang einer Vegetationsform in eine andere am selben Ort (Endzustand: → Klimax)
Protocorm	Keimknöllchen als Zwischenstadium. Nach Entwicklung des → Embryos zum Protocorm, entsteht in der Natur bei vielen heimischen Orchideen als weiteres Zwischenstadium ein → Blastosom	Symbiose	Lebensgemeinschaft ungleicher Lebensorganismen
		symbiotisch	natürliche oder der Natur nachempfundene Kultur. Bei der symbiotischen Anzucht → in vitro wird unter kontrollierten Bedingungen des Pilzwachstums in einem speziellen → Substrat oder Nährboden die Aussaat mit desinfizierten Orchideensamen vorgenommen
Resupination	Drehung der Blüte, bzw. des Fruchtknotens um die eigene Achse um 180° oder auch um 360°		
Rhizom	Wurzelstock, der sich bei den heimischen Orchideen zumeist horizontal im Boden ausbreitet und die Reservestoffe aufnimmt	sympodial	Wuchsform, bei der nach Erreichen des Endzustandes einer Vegetationsperiode der Pflanze an der Sproßbasis seitlich ein neuer Vegetationspunkt angelegt wird
Rote Liste	Liste der gefährdeten Pflanzen- und Tierarten der Bundesrepublik bzw. einzelner Bundesländer	Taxonomie	Zuordnung der verschiedenen Pflanzen aufgrund ihrer gegenseitigen Verwandtschaft zu natürlichen Gruppen im botanischen System
Salep	hygroskopischer Pflanzenschleim der Orchideenknolle; getrocknet wird die Knolle auch zu Heilzwecken verwendet	terrestrisch	auf dem Erdboden wachsend
saprophytisch	aus zerfallenen pflanzlichen und tierischen Substanzen aufgenommene Nährstoffe	Testa	Samenhülle, die bei Orchideen aus dem äußeren → Integument entstanden ist. Sie ähnelt einem winzigen Säckchen und wird durch länglich-wabenförmig angeordnete Schwielen stabil gehalten. Die Öffnung ist besonders verstärkt (siehe Seite 12)
Selektionsdruck	natürliche Auslese der überlebensfähigen Pflanzen und Tiere durch von außen einwirkende Faktoren		
Sepalen	die drei Blütenblätter des äußeren Blütenkreises	Traufenhöhe	Abmessung von der Erdoberfläche bis zu den untersten, blättertragenden Zweigen an der Peripherie eines einzelnen Gehölzes
solitär	einzeln stehend – auch herausragende, aus wenigen Exemplaren bestehende Baum- oder Gebüschgruppe	vegetative Vermehrung	ungeschlechtliche Vermehrung durch Ausläufer, Rhizomverästelung, Brutknospen usw.
Sphagnum	eine Torfmoosgattung		
stenök	ökologisch eng angepaßte Pflanzen, die keine großen Schwankungen und Veränderungen der Umweltfaktoren vertragen; zu den stenöken Arten zählen die heimischen Orchideen	Virulenz	in der Botanik: aggressive Fähigkeit eines Lebewesens (z. B. Pilz), tote und lebende Organismen zu infizieren, sie chemisch zu zerlegen oder auf ihnen zu parasitieren
Stigma	Narbe (weibliche Fortpflanzungseinrichtung der Orchideen)	Viscidium	Klebscheibe, die dem eindringenden Insekt angeheftet (angeklebt) wird

Literaturverzeichnis

Bibliographie

Willing, B. u. E.: Bibliographie über die Orchideen Europas und der Mittelmeerländer (2 Bände). Botanischer Garten und botanisches Museum, Berlin-Dahlem, 1976 und 1985.

Orchideenkultur

Burgeff, H.: Samenkeimung und Kultur europäischer Erdorchideen. Gustav Fischer Verlag, Stuttgart, 1954.

Fast, G. (Herausgeb.): Orchideenkultur. Verlag Eugen Ulmer, Stuttgart, 1980.

Lucke, E.: Orchideenkultur für alle. Lehrmeister-Bücherei Nr. 463, Verlag Albrecht Philler, Minden, 1975.

Sadovsky, O.: Orchideen im eigenen Garten. BLV-Verlag, München/Basel/Wien, 1968 (vergriffen).

Ausgewählte Bildbände/-hefte über heimische Orchideen und themarelevante Editionen

Blatt, H., Grube, A., Schulz, H.: Verbreitung und Gefährdung der Orchideen in Hessen. Arbeitskreis Heimischer Orchideen Hessen e. V., 1983.

Bundesforschungsanstalt für Naturschutz und Landschaftsökologie, Bonn-Bad Godesberg: Tagung in Bad Windsheim, Oktober 1980, Niederschriften der Vorträge, 1980.

Buttler, K. P.: Orchideen, Mosaik-Verlag, München, 1986.

Danesch, O. u. E.: Orchideen-Kompaß. Verlag Gräfe und Unzer GmbH, München, 1986.

Deutscher Rat für Landespflege: Warum Artenschutz? Heft 46, Bonn August 1985.

Ellenberg, H.: Zeigerwerte der Gefäßpflanzen Mitteleuropas. Scripta Geobotanica, Verlag Erich Goltze, Göttingen, 1979.

Ernst, A., Langbein, K., Weiss, H.: Gift-Grün. Deutscher Taschenbuch Verlag GmbH & Co. KG, München, 1988.

Füller, F.: Frauenschuh und Riemenzunge. Ophrys. Orchis und Dactylorhiza. Goodyera und Spiranthes. Epipactis und Cephalanthera. Malaxis, Hammarbya, Liparis. Limodorum, Epipogium, Noettia, Corallorrhiza. Platanthera, Gymnadenia, Leucorchis, Neottianthe. Aceras, Anacamptis. Alpine und nordisch-alpine Orchideen. A. Ziemsen Verlag, DDR Wittenberg Lutherstadt, 1980.

Kohlhaupt, P.: Bunte Welt der Orchideen. Kosmos-Taschenführer in der Franckh'schen Verlagsbuchhandlung, Stuttgart, 1971.

Koopowitz, H. u. Kaye, H.: Helft den Pflanzen. C. Bertelsmann Verlag GmbH, München, 1985.

Laux, H. E. und Keller, R.: Unsere Orchideen. Wissenschaftliche Verlagsgesellschaft, Stuttgart, 1984.

Remmert, H.: Naturschutz. Springer-Verlag, Berlin/Heidelberg, 1988.

Schmeil-Fitschen: Flora von Deutschland und seinen angrenzenden Gebieten. Quelle & Meyer Verlag, Heidelberg/Wiesbaden, 88. Auflage, 1988.

Sundermann, H.: Europäische und mediterrane Orchideen. Brücke-Verlag, Hildesheim, 1980.

Wicke, L.: Die ökologischen Milliarden. Kösel Verlag, München, 1986.

Wildermuth, H.: Natur als Aufgabe. Otto Maier Verlag, Ravensburg 1986.

Artikel in (deutschsprachigen) Fachblättern

Barich, G.: Gedanken zur Erhaltung der heimischen Orchideen. In: Die Orchidee 13, S. 185–189, 1962.

Bauer, H.-J.: Welche Ursachen führten zur Gefährdung und Ausrottung von Arten? In: Deutscher Rat für Landespflege, Heft 46, S. 572–580, 1985.

Beierlein, H.: Weitere Gedanken zum Schutz und zur Kultur heimischer Orchideen. In: Die Orchidee 14, S. 118–119, 1963.

Beyrle, H., Penningsfeld, F., Hock, B.: Die gärtnerische Aufzucht von feuchtigkeitsliebenden Dactylorhiza-Arten. In: Die Orchidee 38, S. 302–306, 1987.

Braun, H.-P.: Naturschutz – eine unangenehme Sache?! In: Die Orchidee 33, S. [158], 1982.

Eilhardt, K.-H., Fourness, E., Haase, P.: Einige Ergebnisse des ersten Aussaatseminars der D.O.G. In: Die Orchidee 28, S. [144–147], 1977 (u. a. Beschreibung des *Eilhardt*schen Topfes).

Eilhardt, K.-H.: Die Häufigkeit der Samenbildung bei Ophrys. In: Die Orchidee 35, S. 120–122, 1984.

– : Ausbringen von asymbiotisch gezogener *Ophrys apifera.* In: Die Orchidee 37, S. 241–242, 1986.

– : Pflegemaßnahmen von Halbtrockenrasengesellschaften unter besonderer Berücksichtigung heimischer Orchideen. 21. Hessischer Floristentag, in: Schriftenreihe Band XII, Heft 2, 1987 (vergriffen).

– : Die wichtigsten Pflegemaßnahmen zur Vermehrung der Orchideenpopulation der Halbtrockenrasengesellschaft und zu beachtende Vorgänge in der Natur. In: Jahresberichte des Naturwissenschaftlichen Vereins in Wuppertal, S. 158–165, 1990.

Fast, G.: Stand und Aussichten bei der Anzucht europäischer Orchideen. Sonderheft der 7. Wuppertaler Orchideentagung, S. 97–100, 1981.

– : Zur Ökologie einiger mitteleuropäischer Waldorchideen unter besonderer Berücksichtigung der Bodenverhältnisse in Bayern. In: Die Orchidee 36, S. 148–152, 1985.

Frosch, W.: Asymbiotische Vermehrung von *Ophrys holoserica* mit Blüten nach 22 Monaten. Die Orchidee 34, S. 58–61, 1983.

– : Asymbiotische Vermehrung von *Cypripedium reginae* mit Blüten drei Jahre nach der Aussaat. In: Die Orchidee 36, S. 30–32, 1985.

Göhlich, H.: Herbicide und heimische Orchideen. Mitteilungen Arbeitskreis Heimische Orchideen (A.H.O., DDR). Heft 9, S. 29–35, 1980.

Gößmann, A.: Orchideenschutz durch Biotoppflege – Erfahrungen des AHO Bayern e. V. seit 1979. Berichte a. d. Arbeitskreisen Heim. Orchideen, 4 (2), S. 257–296, 1987.

Gruss, O.: Anmerkungen zum Artikel von Herrn A. Ch. Mrkvicka in Heft 5/1990 zur Anlage eines Feuchtbiotops zur Kultivierung von Orchideen im Garten. In: Die Orchidee 41, S. 225–227, 1990.

Haber, W.: Gesellschaft, Naturschutz und Orchideen. In: Die Orchidee 21, S. 414–433. 1970.

– : Die Meinung. In: Kosmos, Heft 6, S. 174–178, 1972.

– : Lebensgrundlagen, Gefährdung und Schutz der Orchideen in der Natur. In: *Schlechter, R.* Die Orchideen, Teil II, S. 661–708, Paul Parey Verlag, Berlin, 1985.

– : Warum ist Artenschutz notwendig? In: Deutscher Rat für Landespflege, Heft 46, S. 569–571, 1985.

Hamel, G.: Die Tätigkeit und Aufgaben des Arbeitskreises Heimische Orchideen im Kulturbund der DDR im Rahmen der Gesamtorganisation. In: Mitteilungen A.H.O. DDR, Heft 9, S. 9–17, 1980.

Hemke, E. u. Borrmann, K.: Wildschäden bei Orchideen. In: Botan. Rundbrief Bezirk Neubrandenburg 7, S. 91–92, 1977.

Kempf, H.: Erfahrungen mit verschiedenen Pflegemethoden im ‹NSG Harzgrund› bei Suhl. In: Landschaftspflege u. Naturschutz in Thüringen, Heft 1, S. 12–16, 1981.

Kober, V.: Cypripedium calceolus – Anzucht aus Samen (Zusammenfassung). In: Die Orchidee 23, S. 77–78, 1972.

Liebertz, J.: Zur Lage der Erdorchideen in Deutschland am Beispiel der Nordeifel. In: Die Orchidee 23, S. 75–77, 1972.

Lucke, E.: Zur Samenkeimung der Orchideen in ihren natürlichen Biotopen. In: Die Orchidee 29, S. 116–123, 1978.

Maier, E.: Das Moor im eigenen Garten. In: Der Staudengarten, 3/1990, S. 29–32, 1980.

– : Mini-Moor und Mini-Insel. In: Flora, 11/90, S. 50–53, 1990.

Meyer, W.: Standortabhängigkeit von Erdorchideen. In: Die Orchidee 38, S. 191–194, 1987.

Möller, O.: Der Vegetationsrhythmus von *Orchis mascula.* Die Orchidee 18, S. 67–69, 1967

– : Orchideen und Pilze. Die Orchidee 18, S. 263–268, 1967

– : Wachstumsrhythmus und vegetative Vermehrung von *Cypripedium calceolus.* In: Die Orchidee 19, S. 222, 1968.

– : Neue Beobachtungen über Wachstum und Kultur europäischer Orchideen. In: Die Orchidee 19, S. 263–267, 1968.

– : Natur- und Pflanzenschutz – Verplante Paradiese. In: Die Orchidee 35, S. [235–240], 1984.

– : Die Nährstoffaufnahme der Erdorchideen. In: Die Orchidee 36, S. 32–35, 1985.

– : Die Mineralsalze der Standortböden der europäischen Orchideen. In: Die Orchidee 36, S. 118–121, 1985.

– : Die Mineralsalze der Böden von *Cypripedium calceolus* und *Orchis pupurea.* In: Die Orchidee 36, S. 124–126, 1985.

– : Der Einfluß der Nährsalze auf die Keimung und den Wuchs der *Orchis ustulata* in der Natur. In: Die Orchidee 37, S. 133–135, 1986.

– : Konservierender oder progressiver Naturschutz? In: Die Orchidee 37, S. 237–238, 1986.

– : Die Notwendigkeit einer Intensivierung der Erdorchideenkunde. In: Die Orchidee 37, S. 243, 1986.

– : Die subterrane Innovation und der Wachstumszyklus einiger Erdorchideen. In: Die Orchidee 38, S. 13–22, 1987.

– : Zur Notwendigkeit einer Renaissance der Erdorchideenkunde? In: Die Orchidee 38, S. 71–76, 1987.

– : Vom Samenkorn bis zur ersten Knolle: Das Protocormstadium von *Orchis mascula*. In: Die Orchidee 38, S. 297–302, 1987.

– : Der Wuchs und Innovation der *Spiranthes spirales*. In: Die Orchidee 39, S. 15–19, 1988.

– : Der Wuchs der Winterblätter der europäischen Erdorchideen. In: Die Orchidee 41, S. 21, 1990.

– : Beobachtungen und Bemerkungen über den Wuchs der *Dactylorhiza maculata*. In: Die Orchidee 41, S. 22–26, 1990.

Österreich, H.: Ein Beitrag zum aktiven Schutz unserer heimischen Erdorchideen. In: Die Orchidee 23, S. 32–38, 1972.

Peitz, E.: Ein alter Weinberg wird Orchideen-Schutzgebiet. In: Die Orchidee 35, S. 31–34, 1984 (A).

– : Schadstoffe bewirken Sterilität. In: Die Orchidee 35, S. 86–88, 1984 (B).

– : Die Hummel-Ragwurz *(Ophrys holoserica)* mit kelchblattähnlichen Kronblättern. In: Die Orchidee 35, S. 229–231, 1984.

– : Biotop-Pflegemaßnahmen und Bestandserhaltung aus der Sicht des aktiven Naturschutzes. In: AHO-Mitteilungen, S. 252–256, 1985.

Ramin von, I.: Vegetative Vermehrung bei europäischen Erdorchideen. In: Die Orchidee 22, S. 210, 1971.

– : Erfahrungen und Vermehrung von Erdorchideen. In: Tagungsbericht 8, Welt-Orchideen-Konferenz, Frankfurt, 1975.

– : Einheimische Orchideen – besonders stark bedroht. In: Der Palmengarten 45, S. 30–31 u. 33–35, 1981.

Reinecke, F.: Stand der Vermehrung der europäischen Orchideen und notwendige Folgerungen. 31. Kongreß der D.O.G., 1977.

– : Über zwei neue Methoden zur vegetativen Vermehrung von *Dactylorhiza fuchsii*. In: Sonderheft der 7. Wuppertaler Orchideentagung, S. 105–108 und Farbtafel, 1981.

– : Zur gezielten vegetativen Vermehrung einheimischer Orchideen. In: Die Orchidee 33, S. 58–62, 1982.

– : Künstlicher Quellhang für die generative Vermehrung von Orchideen. In: Die Orchidee 38, S. 319–320, 1987.

– : Bericht über die Pflege eines *Dactylorhiza incarnata*-Biotops und die Entwicklung der Population. In: Die Orchidee 39, S. 140–144, 1988.

Reinhardt, R.: Standortgefährdung durch Tiere? In: Die Orchidee 25, S. 33, 1974.

Sadovsky, O.: Phytoncide und ihre Ausnützung in der Orchideenkultur. In: Die Orchidee 13, S. 273–274, 1962.

Schiemenz, H.: Beeinträchtigungen in den NSG des Bezirks Leipzig. In: Naturschutzarbeit in Sachsen 24, S. 17–19, 1982.

Vöth, W.: Die »ausgeborgten« Bestäuber von *Orchis pallens*. In: Die Orchidee 33, S. 196–203, 1982.

Wegener, U.: Gezielte Pflegemaßnahmen für Orchideenbestände des Berggrunlandes. In: Mitteilungen des A.H.O. DDR, Heft 9, S. 36–47, 1980.

Sachregister

Kursiv gedruckte Zahlen verweisen auf Abbildungen, halbfett gedruckte auf die ausführliche Erläuterung des entsprechenden Begriffs.